Mosaik bei
GOLDMANN

Buch

Hinschauen statt wegsehen, einschreiten statt danebenstehen, helfen statt geschehen lassen. Wer Verantwortung übernehmen will und auch morgen noch ruhigen Gewissens in den Spiegel schauen möchte, braucht vor allem eines: Zivilcourage. Und die kann man lernen. Was ist die richtige Strategie bei Pöbeleien allein im Park oder in einer vollbesetzten U-Bahn? Wie erkennt man besonders gefährliche Aggressoren? Wie kann man der Eskalation vorbeugen? Diese und weitere drängende Fragen beantworten die Autorinnen in diesem Buch mit großer Sachkenntnis und viel Einfühlungsvermögen. Neben aufschlussreichen Hintergrundinformationen zeigen zahlreiche mutmachende Beispiele aus der Praxis, dass zivilcouragiertes Handeln keine Heldentaten erfordert und bereits kleine Gesten viel bewegen können. Daneben beschreiben die besten Experten aus Psychologie, Kriminalistik und Selbstverteidigung genau, wie man sich im Ernstfall verhalten muss. Damit jeder tagtäglich Zivilcourage praktizieren kann – ohne sich selbst in Gefahr zu bringen.

Autorinnen

Beate Wagner und Constanze Löffler sind Wissenschaftsjournalistinnen mit abgeschlossenem Medizinstudium. Seit Jahren setzen sie sich mit medizinischen, psychologischen und sozialen Themen auseinander. Je komplexer die Materie, desto besser. Die Ergebnisse einer umfangreichen Recherche für den Leser bildhaft, lebendig und klar aufzuschreiben liegt beiden Autorinnen besonders am Herzen. Sie veröffentlichen ihre Texte in führenden deutschen Magazinen und Tageszeitungen.

Die Autorinnen danken Frau Prof. Dr. Margarete Boos von der Universität Göttingen für die wissenschaftliche Beratung.

Constanze Löffler,
Beate Wagner

Zivilcourage – Keine Frage!

Wie Sie in Notsituationen helfen
vernünftig · sicher · gewaltfrei

Mosaik bei
GOLDMANN

Alle Ratschläge in diesem Buch wurden von den Autorinnen und vom Verlag sorgfältig erwogen und geprüft. Eine Garantie kann dennoch nicht übernommen werden. Eine Haftung der Autorinnen beziehungsweise des Verlags und seiner Beauftragten für Personen-, Sach- und Vermögensschäden ist daher ausgeschlossen.

Verlagsgruppe Random House FSC-DEU-0100
Das für dieses Buch verwendete FSC®-zertifizierte Papier *Classic 95*
liefert Stora Enso, Finnland.

1. Auflage
Originalausgabe März 2011
© Wilhelm Goldmann Verlag, München,
in der Verlagsgruppe Random House GmbH
Umschlaggestaltung: Uno Werbeagentur, München
Satz: Buch-Werkstatt GmbH, Bad Aibling
Druck und Bindung: GGP Media GmbH, Pößneck
FK/KW · Herstellung: IH
Printed in Germany
ISBN 978-3-442-17207-8

www.mosaik-goldmann.de

Inhalt

Vorwort der Autorinnen 9
Vorwort von Bettina Wulff 12

1 Die Tragödie Dominik Brunner 15
1.1 Eine Minute Gewalt 15
1.2 Chronologie eines Falles 25
1.3 Eine tragische Geschichte 28

2 Tatort Deutschland 32
2.1 Wenn Menschen auf der Strecke bleiben 32
2.2 Soziale Brennpunkte – hier sollten Sie
    vorsichtig sein 47
2.3 Jugend auf Abwegen 49
2.4 Auch das ist Deutschland 54

3 Hilflose Helfer 58
3.1 Vom Wegschauen und Weitergehen 58
3.2 Tatort Unfallstelle 76
3.3 »Jeder kann sich entscheiden« 83
3.4 Protokoll des Nichthelfens 87

Inhalt

4	**Das Naturell des Helfers**	91
4.1	Emphatisch und furchtlos	91
4.2	Protokoll des Helfens	105
5	**Da sein für andere**	109
5.1	Bürger-Engagement und unternehmerisches Engagement	109
5.2	Das persönliche Engagement	123
6	**Vom Staat im Stich gelassen**	126
6.1	Kriminelles Deutschland – Mythos oder Wahrheit?	126
6.2	Relevante Gesetze für Opfer, Helfer und Nichthelfer	137
6.3	Zehn Tipps des sicheren Handelns	142
6.4	Zuckerbrot und Peitsche	145
7	**Aufmerksam von Anfang an**	151
7.1	Das starke Ich	151
7.2	Verantwortlich Handeln im Alltag	167
7.3	Mit kleinen Gesten aufeinander achten	171
8	**Passende Worte, richtige Taten**	177
8.1	Die beste Strategie gegen Gewalt	177
8.2	Selbstverteidigung – der richtige Kurs	190
8.3	Handy, Pfefferspray, Schrillalarm – was hilft wirklich?	195
8.4	Wenn die Stimme versagt	201
9	**Aus dem Alltag gegriffen**	206
9.1	Als Frau allein unterwegs	207

9.2	Pöbelei im Nahverkehr	208
9.3	Kinder in Gefahr	209
9.4	Mobbing am Arbeitsplatz	210
9.5	Häusliche Gewalt	212
9.6	Streit im Straßenverkehr	213
9.7	»Abziehen« und Erpressung	214
9.8	Bewaffneter Überfall	215
9.9	Noch Streit oder schon Misshandlung?	216
9.10	Selbstbewusst gegen Rechts	217
10	**Machen Sie den Test**	219
	Gefühle für andere. Wie empathisch sind Sie wirklich?	221
	Mut tut gut! Wie sehr trauen Sie sich?	226
Anhang		232
	Weiterführende Adressen und Literatur	232
	Endnoten	245
	Dank	248
	Register	249

Vorwort der Autorinnen
Mit offenen Augen durch die Welt

Berlin Hauptbahnhof, Gleis 1 am Vormittag. Der ICE aus Hamburg fährt ein. Suchende Blicke, Szenen der Begrüßung, ein hektisches Treiben. Die Massen drängeln in Richtung der Rolltreppen und des Fahrstuhls. Dann ist der Bahnsteig plötzlich leergefegt. Weiter geht's nach Leipzig, der Zugbegleiter ist abfahrbereit, hält seine kleine Kelle in der Hand. Nur eine Tür entfernt von ihm steht eine ältere Frau mit drei Koffern auf dem Bahnsteig. Dass sie merklich aufgeregt ist, registriert er ungerührt. Sie ruft ihm etwas auf Arabisch zu, ihr Gesichtsausdruck ist verzweifelt, die mit Taschen behängten Arme weisen in Richtung des Fahrstuhls. Offensichtlich ist ihr Mann damit noch unterwegs, und sie befürchtet, der Zug könne ohne sie abfahren.

Mir bleibt kaum Zeit für eine Entscheidung. Ich renne auf den Bahnbeamten zu, mache ihn auf die Situation aufmerksam, stürze zu der Dame und dem mittlerweile eingetroffenen Gatten. Ich drücke den Türöffner, schiebe die betagten Herrschaften die Stufen hinauf, ihr Gepäck hinterher – puh, das wäre geschafft. Der Zug rollt an, dankbar winken mir die beiden aus dem Fenster zu und ich gehe wieder meiner Wege.

Zugegeben, danach habe ich mich für Momente richtig gut gefühlt. Ich war zufrieden mit mir, hatte helfen können. Mir ging der

Spruch durch den Kopf: Jeden Tag eine gute Tat. Doch ist es eigentlich nicht selbstverständlich, sich gegenseitig zu unterstützen, aufeinander zu achten, sich zu kümmern – auch wenn das persönlich nicht immer etwas bringt?

Hinschauen statt wegsehen, einschreiten statt danebenstehen, helfen statt geschehen lassen: Diese Forderungen sind aktueller denn je. Dabei geht es heute nicht mehr nur darum, die alte Frau sicher über die Straße zu begleiten oder den Zug für eine Ausländerin aufzuhalten. Ob in der Münchner S-Bahn, der Berliner City, am Strand von Mecklenburg-Vorpommern oder der Frankfurter Innenstadt: Immer wieder geraten Menschen in arge Bedrängnis – und Deutschland schaut größtenteils dabei zu.

Im September 2009 wird Zivilcourage hierzulande plötzlich zum großen Thema: Auf dem S-Bahnhof München-Solln stirbt der 50-jährige Dominik Brunner, weil er vier Kinder gegen zwei Halbstarke verteidigen will. Mindestens ein Dutzend Zeugen beobachten das Handgemenge und die Prügelei, eilen Dominik Brunner aus den unterschiedlichsten Gründen aber nicht zu Hilfe. Die Öffentlichkeit ist geschockt: Wie kann ein Mensch am helllichten Tag unter den Augen so vieler Passanten getötet werden? Warum fällt es so schwer, anderen zu helfen?

Klar ist: Brutale Taten wie in München sind Einzelfälle, immer noch und Gott sei Dank. Doch seien Sie ehrlich: Erinnern Sie sich nicht auch an eine Situation aus Ihrem Alltag, in der Sie couragierter hätten sein können, in der Sie spontan hätten zupacken oder helfen wollen, wenn nicht gerade dies oder das Sie daran gehindert hätte?

Zivilcourage heißt, selbstlos für andere einzustehen, auch auf die Gefahr hin, dass einem daraus persönliche Nachteile entstehen. Viele Menschen, für die wir stellvertretend einige Namen in diesem Buch nennen, handeln bereits so. Vielleicht sind es nach dieser Lektüre ein paar mehr. Wenn es uns gelingt, Sie zum Nachdenken anzuregen und für die Perspektive anderer Menschen zu sensibilisieren, dann haben wir unser Ziel schon erreicht.

Wir wollen weder die Welt verbessern noch den moralischen Zeigefinger heben. Doch unsere monatelange Recherche hat gezeigt: Zivilcourage ist nicht so sperrig wie ihr Name. Und sie beginnt bereits im Kleinen. Zivilcourage verlangt keine Heldentaten, es reichen ein offenes Auge und ein großes Herz.

Constanze Löffler und Beate Wagner
im Frühjahr 2011

Vorwort von Bettina Wulff
Jeder kann etwas tun

Als zweifache Mutter frage ich mich häufig, wie es meinem Mann und mir gelingen kann, unsere beiden Söhne zu wachsamen und engagierten Menschen zu erziehen. »Zivilcourage – Keine Frage!« von Beate Wagner und Constanze Löffler gibt einige wertvolle Antworten auf diese Frage.

Es gibt wohl nichts Besseres, als unseren Kindern ein möglichst gutes Vorbild zu sein: Täglich bemühen wir uns, wachsam zu sein, nach unseren Mitmenschen zu schauen, uns einzumischen, uns zu engagieren.

Lassen Sie mich daher von einem Beispiel berichten, das für echtes privates Engagement steht und mich zutiefst beeindruckt hat: die Bürgerstiftung Hannover.

Christian Pfeiffer, Jurist und Leiter des Kriminologischen Forschungsinstituts Niedersachsen, wollte unbedingt die erste Bürgerstiftung in Deutschland gründen. Während seiner Besuche bei amerikanischen Forscherkollegen hatte er bereits Jahre zuvor zahlreiche Stiftungen und deren soziale Projekte kennengelernt – und er war von der Idee fasziniert, mit privatem Kapital die Gesellschaft zu unterstützen. 1996 traf Christian Pfeiffer einige gesellschaftlich engagierte Freunde, um sie von seiner Idee zu überzeugen. Er war erfolgreich. Noch am selben Abend wurde durch die Spenden der Anwesenden die finanzielle Grundlage für die Gründung geschaffen.

Im Jahre 1999 wurde dann die Bürgerstiftung Hannover gegründet. Über 40 Projekte werden derzeit von der Stiftung Hannover gefördert: Vom Musikunterricht für benachteiligte Kinder über einen Kinderzirkus mit behinderten und nicht behinderten Jugendlichen bis zur Sommerschule in einem Brennpunkt-Stadtteil.

Sich gegenseitig helfen, für andere Menschen Verantwortung übernehmen, aufmerksam sein – so funktioniert im Kleinen die Familie, und so funktioniert im Großen unsere Gesellschaft. Wer Zivilcourage übt, setzt sich ein für ein friedliches Miteinander aller Menschen einer Gemeinschaft, so verschieden sie auch sind.

Zivilcourage ist eine Tugend, auf die wir nicht verzichten können. Es sollte unser ganz persönlicher Anspruch sein, auch Menschen, die uns fremd sind, in Not zu unterstützen. Es sollte uns allen daran gelegen sein, bei Unrecht beherzt einzugreifen, auch wenn wir nicht selbst betroffen sind. Nur so können wir darauf vertrauen, dass uns oder unseren Kindern ebenfalls geholfen wird.

In vielen gesellschaftlichen Bereichen wird momentan der Ruf nach mehr Zivilcourage laut. Denn brutale Schlägerszenen auf der Straße oder Demütigungen durch Cybermobbing im Internet gehören ebenso zum Alltag wie soziale Ausgrenzung in Schulen und Unternehmen.

Es ist wichtig, physische und psychische Gewalt als soziales Problem zu erkennen und dagegen vorzugehen. Ebenso wichtig ist es, zu fragen, woher diese Gleichgültigkeit und Selbstbezogenheit kommt und wohin uns mangelnde Solidarität und fehlende soziale Verantwortung führt.

Übersetzt man den etwas hölzernen Begriff Zivilcourage, dann heißt das Bürgermut. Und das stimmt: Wer sich für andere einsetzt und dabei ein Risiko für sich eingeht, der braucht Mut. Doch Zivilcourage ist mehr als die korrekte Reaktion in einer Notsituation. Zivilcourage beginnt im Alltag: In der Schlange beim Bäcker, bei der Erziehung unserer Kinder, im Büro.

Wer Zivilcourage lebt, braucht vor allem eines: das Interesse am Miteinander. Und die Bereitschaft, tolerant auf andere Menschen zuzugehen und offen für Neues zu sein! Ich bin dabei, Sie auch?

Herzlichst
Ihre Bettina Wulff

1 Die Tragödie Dominik Brunner

*»Das, was dem Leben Sinn verleiht,
gibt auch dem Tod Sinn.«*
Antoine de Saint-Exupéry

1.1 | Eine Minute Gewalt

Es war ein bewegendes Fest, wird der Bildhauer Stefan Rottmeier später sagen. Bewegend und bedrückend zugleich: Die Enthüllung der von ihm geschaffenen Bronzeplastik für Zivilcourage in Ergoldsbach am 12. September 2010 hat schreckliche Erinnerungen wach werden lassen. Das Denkmal zeigt eine männliche Figur, die sich schützend vor ein Kind stellt. Genau das hatte Dominik Brunner ein Jahr zuvor getan. »Die Statue soll Zivilcourage einen menschlichen Ausdruck geben«, sagt Künstler Rottmeier, »Sie ist Sinnbild für die mutige und selbstlose Tat Brunners.« Der Geschäftsmann aus Ergoldsbach hatte vier Kinder geschützt, die in der Münchner S-Bahn von Jugendlichen bedroht wurden. Kurz danach war Dominik Brunner tot.

Hunderte Menschen kamen an Brunners erstem Todestag in sein Heimatdorf. Der strahlend blaue Himmel sorgte ebenso wie das weiße Tuch, das die Statue zunächst verdeckte, dafür, dass keine Trauerstimmung aufkam. Stattdessen war jeden Moment klar: Ergoldsbach wird von nun an immer mit dem Thema Zivilcourage verbunden sein, auch wegen des ebenfalls an diesem Tag eingeweihten Dominik-Brunner-Hauses.

»An Herrn Brunner. Für Ihren Mut und Ihre Stärke bewundern wir Sie und fragen uns immer wieder, wie wir in dieser Situation gehandelt hätten und wie so etwas Furchtbares hätte verhindert werden können.«[1]

Mutig und selbstlos zu sein, das war Brunners Ansinnen an jenem Samstagnachmittag 2009. Er hatte einen freien Tag, den er – wie so oft – in München verbrachte. Über Mittag war der 50-Jährige im Müllerschen Volksbad schwimmen gewesen. Am Abend wollte er Freunde auf einer Vernissage treffen. Doch als die Kunstausstellung eröffnet wurde, war Dominik Brunner längst tot. Er starb trotz notfallintensiver Maßnahmen um 18.20 Uhr im Klinikum Großhadern an Herzversagen. Dem vorausgegangen war eine Schlägerei mit zwei Jugendlichen auf dem S-Bahnhof München-Solln.

»Für einen Helden, aber auch für alle, die weggesehen haben und sich jetzt Vorwürfe machen. Wir dürfen nicht noch einmal wegschauen!«[1]

Das Ereignis in München-Solln hat Deutschland erschüttert und in Wohnzimmern, Gaststuben und Talkshows eine Grundsatzdebatte über die verrohte Jugend, verloren gegangene Werte, eine Gesellschaft aus Einzelgängern und fehlende Zivilcourage entfacht, wie es sie hierzulande bisher nicht gab. Dabei war Brunner längst nicht der Erste, der beim Einsatz für andere sterben musste. Erst im Jahr zuvor erlag der damals 29-jährige Fabian Salar Saremi in Bensheim seinen Verletzungen. Er verteidigte ein Pärchen und wurde dafür von vier Männern zusammengeschlagen. Schwer verletzt lag Saremi am Straßenrand, als ihn ein Taxi überrollte.

München ist ein besonderer Ort

Der Unterschied zu Brunner? Es gab mindestens zwei Umstände, die dem Fall Brunner eine erhöhte Aufmerksamkeit bescherten:
1) Die beiden Jugendlichen traten tagsüber in Anwesenheit mehrerer Beobachter mitten auf einem S-Bahnhof auf Brunner ein. Zeugenaussagen zufolge seien Passanten weitergegangen, und auch der Zugführer wäre einfach losgefahren.
2) Brunner starb in München. Seit Jahrzehnten hat der Ort das Image der idyllisch-sicheren Großstadt. Doch sondert sich hier bereits seit Längerem eine kleine reiche Elite immer mehr von den zahlreichen Menschen aus sozial schwachen Verhältnissen ab. Weil die Stadt nicht sehr groß ist, treffen Jugendliche aus ärmeren Verhältnissen längst nicht nur ihresgleichen im Viertel. »Wenn man junge Leute sieht, die Sportwagen fahren, teure Klamotten tragen, Champagnerrunden werfen und man selbst hat gar nichts, steigt die Wut und Aggression«, sagt Hans Peter Schmalzl, Polizeipsychologe aus München. Gerade im reichen München würden sich sozial schwache Jugendliche als Versager fühlen.

»Mit Betroffenheit halte ich an diesem Ort inne. Wahrscheinlich wäre auch ich unter denen gewesen, die aus Angst um ihr Leben Ihren Hilferuf nicht hören wollten. Dafür möchte ich Sie um Verzeihung bitten!«[1]

Wer genauer hinsieht, stellt fest: Mögen die Verhältnisse in der bayrischen Metropole vielleicht besonders krass sein – Zivilcourage scheint auch im übrigen Deutschland abhandengekommen zu sein.

Wie findet die Gesellschaft heraus aus dem Dilemma? Die Politik fordert auf Ereignisse wie in Solln reflexartig eine Verschärfung des Jugendstrafrechts und eine stärkere Videoüberwachung im öffentlichen Nahverkehr. Auch die Mehrheit der Bevölkerung spricht sich für härtere Strafen aus, »aus symbolischen Gründen«. 84 Prozent der Befragten einer Emnid-Umfrage für den Nachrichtensender N24 sagten, man solle Zivilcourage würdigen, indem man die Strafen für die Täter verschärft.

Vorschnelle Ehrung?

Brunners Tod warf in den Wochen nach der Tat viele Fragen auf; gewiss schien nur eines: Brunner hatte sich vorbildlich verhalten – und musste dafür sterben. Schnell avancierte er zum Helden der Zivilcourage. Posthum erhielt er diverse Preise: Vom Bayrischen Verdienstorden bis hin zum Bundesverdienstkreuz Erster Klasse. Beim Bayern-Spiel gegen Nürnberg erhoben sich eine Woche nach dem Ereignis knapp 70 000 Menschen zum Gedenken an ihn. Uli Hoeneß hielt eine bewegende Rede und rühmte Brunner als Vorbild, an dessen Verhalten sich die Gesellschaft ein Beispiel nehmen könne. In München soll ein Platz nach ihm benannt werden.

»Jetzt erst recht Zivilcourage zeigen.«[1]

Hoeneß gehört dem Stiftungskuratorium der Dominik-Brunner-Stiftung an. Die Stiftung gründete sich nur wenige Wochen nach dem Tod des Managers, Initiatoren sind ehemalige Kollegen der Erlus AG – der Dachziegelbetrieb, in dem Brunner Geschäftsführer war –, Angehörige und Freunde seiner Familie. »Es war schnell klar, dass wir etwas Bleibendes gegen das Vergessen und für die Zivilcourage tun wollen«, sagt Peter Maier, Vorstand der Erlus AG und der Brunner-Stiftung.

»Ich betrauere den Tod des mutigen Mannes und fühle mit seinen Angehörigen. Dennoch: Auch die brutalen Täter sind Opfer unserer zunehmend brutalen Gesellschaft.«[1]

Dass Brunner zum Helden wurde, nimmt man bei der Erlus AG gemischt auf: »Die Medien haben ihn auf diesen Sockel gestellt, auf einmal war er der Held von Solln«, sagt Harald Bardenhagen, Kuratoriumsmitglied der Brunner-Stiftung dem Berliner Tagesspiegel. Die ganze Überhöhung und Heroisierung sei ihm unheimlich. »Natürlich ist Dominik für uns ein Held«, erklärt hingegen Claus Girnghuber, ein guter Freund Brunners und Aufsichtsratsvorsitzender der Erlus AG. »Viel wichtiger aber ist es, dass ihn die Öffentlichkeit als Vorbild sieht.« Helden seien Ausnahmeerscheinungen, mit ihnen identifiziere man sich nicht. »Ein Vorbild hingegen fordert Menschen auf, es ihm nachzutun«, sagt Girnghuber.

Engagement für Menschlichkeit und Nächstenliebe

Die Brunner-Stiftung hilft zukünftig Menschen und deren Angehörigen, die wegen ihres selbstlosen Handelns gesundheitlich oder finanziell in Not geraten sind. Die gemeinnützige Einrichtung unterstützt aber auch soziale Projekte wie zum Beispiel den

Verein »ghettokids«. Hier werden Jugendliche aus sozial benachteiligten Familien in München betreut. »Ziel der Dominik-Brunner-Stiftung ist es, Zivilcourage als Wert zu vermitteln, der über die effekthascherische Berichterstattung hinaus am Leben gehalten und gelebt wird«, so Peter Maier.

»Viele Worte, viele Blumen, viele Kerzen, nur, hilfst du morgen?«[1]

In den Monaten nach Brunners gewaltsamem Tod kommen immer neue Details der tragischen Minuten auf dem Bahnhof München-Solln ans Tageslicht. Zunehmend beginnt der Thron des Dominik Brunner zu wackeln, der Glanz seines zivilcouragierten Einsatzes zu verblassen. Die Boulevard-Medien beschwören das Grusel-Image der Brunner-Killer und befürworten die Anklage der Täter wegen Mordes. Seriöse Blätter beginnen indes zu zweifeln: Ist diese Anklage gerechtfertigt, und trägt Brunner eine Mitschuld daran, dass die Situation derartig eskalierte?

Denn anders als zunächst vermutet, war es der Jurist, der zuerst zugeschlagen hatte. Das behauptete zunächst der Spiegel unter Berufung auf Zeugenaussagen im Februar 2010. Später geht auch das Gericht davon aus. So soll Brunner nach dem Aussteigen am Bahnhof Solln in Richtung des S-Bahnfahrers gerufen haben: »Jetzt gibt's hier hinten Ärger.« Dann legte er Jacke und Rucksack ab und näherte sich den beiden Angreifern mit erhobenen Fäusten. Wie Zeugen zu Protokoll gaben, setzte er den ersten Fausthieb und traf einen der beiden Täter ins Gesicht.

»Wenn Du in meinem Herzen lesen könntest, sähest Du den Platz, den ich Dir gegeben habe.«[1]

Daraufhin steckte sich einer der Täter einen Schlüsselbund zwischen die Finger. Dann gingen die beiden Jugendlichen auf Brunner los, boxten und traten ihn. Brunner schlug mit dem Kopf gegen ein Metallgeländer und rutschte zu Boden. An die zwanzig Mal erwischen die Fußtritte den Mann, auch noch, als Brunner längst wehrlos am Boden liegt. Als die Polizei eintrifft, flüchten die Jugendlichen in ein nahe gelegenes Gebüsch.

»Es erfüllt mich mit Zuversicht, dass es Menschen gibt, die sich so entschieden für Gerechtigkeit einsetzen.«[1]

Prozess mit Spannung erwartet

Es vergehen neun Monate, bis der Prozess gegen die beiden Haupttäter vor der Jugendkammer am Münchner Landgericht im Juli 2010 beginnt. Eine Zeit, in der Polizei und Staatsanwaltschaft Akten sichten, 53 Zeugen und vier Sachverständige befragen. Eine Zeit, in der die Bevölkerung spekuliert, mutmaßt und debattiert, ob auch Brunner schuldig ist.

Der dritte Täter, der in der S-Bahn noch mitgepöbelt hatte, dann aber vorher umgestiegen war, ist zum Prozessauftakt bereits verurteilt. Gegen ihn wurde eine Jugendhaftstrafe von 19 Monaten wegen gefährlicher Körperverletzung, versuchter räuberischer Erpressung und öffentlicher Aufforderung zu Straftaten auf Bewährung verhängt.

So sehen keine Mörder aus

Am ersten Tag des Prozesses ist die Luft in dem fensterlosen Sitzungssaal 101 des Strafjustizzentrums zum Zerschneiden. An die 120 Pressevertreter haben sich beim Landesgericht München für das Verfahren akkreditiert. Als die beiden Täter durch die weiße Tür in den Sitzungssaal treten, sind viele der Beobachter überrascht, wie harmlos sie aussehen: Zwei schüchtern wirkende, schmächtige Jungs mit schmalen Gesichtern, gekämmt und im frischen Hemd. Auch ihr weiteres Verhalten passt zu dem fast bemitleidenswerten Auftritt. Der Haupttäter Markus Sch. ist physisch und psychisch nicht in der Lage, selbst auszusagen, Sebastian L. antwortet dem Richter in kurzen, monotonen Sätzen.

»Du verdienst unseren ganzen Respekt. Lebe im Himmel weiter. Wir kommen später nach und werden Dir die Hand schütteln.«[1]

Die Verhandlung dauert zwölf Tage. Der Vorsitzende Richter Reinhold Baier versucht, die in der Öffentlichkeit aufgeheizte Stimmung vom Gerichtssaal fernzuhalten. »Das kann ich absolut nachvollziehen, dass Ihnen nicht wohl in Ihrer Haut ist«, sagt er in fast väterlicher Art zum 18-jährigen Sebastian L. Baier kennt sich aus mit jungen Tätern. Er hat auch die beiden Jugendlichen vom Arabellapark zu langen Haftstrafen verurteilt, die 2007 einen Rentner in München zusammengeschlagen hatten. Der Jugendrichter gilt als empathisch, aber streng in seinen Entscheidungen. Die Täter vom Arabellapark verurteilte er damals zu zwölf und achteinhalb Jahren Haft.

Wir wollten nie töten

Auch Markus Sch. und Sebastian L. müssen mit einem harten Urteil rechnen; die Staatsanwaltschaft klagt die beiden wegen Mordes an. Gleich zu Beginn geben beide Täter zu, in den Konflikt involviert gewesen zu sein, äußern ihr Bedauern und beteuern, sie hätten Brunner weder angreifen noch töten wollen.

Nach dem vierten Prozesstag nimmt die Verhandlung eine überraschende Wende: In ihrer 90-seitigen Anklageschrift hatte die Staatsanwaltschaft ungenau formuliert, Brunner sei an den Folgen des Angriffs der Angeschuldigten verstorben. Nun aber wird klar: Todesursächlich war ein schwaches, krankhaft vergrößertes Herz. Zwar wies Brunners Körper mindestens 22 schwere Verletzungen auf und seine Stirn trug den Abdruck eines Turnschuhs von Markus Sch. Brunner starb jedoch weder an diesen Verletzungen noch wies er Knochenbrüche oder innere Blutungen auf, die für seinen Tod ursächlich gewesen wären.

»Unsere Familie ist sehr betroffen, haben wir doch auch Kinder in diesem Alter, die mit dieser S-Bahn fahren.«[1]

Es bleibt bei Mord

Mit einem Mal ist das brutale Killer-Image der Täter nicht mehr aufrechtzuhalten. Besonders brisant: Die Staatsanwaltschaft München wusste seit der Obduktion im September 2009 von Brunners vergrößertem Herz, verschwieg diesen Umstand aber bis zu Prozessbeginn.

Vielmehr hält sie weiterhin an der Mordanklage fest. »Herr

Brunner ist infolge der Schläge und Tritte daran gestorben, dass das Herz stehen geblieben ist«, erklärt die Oberstaatsanwältin Barbara Stockinger. Ohne die massiven Schläge und Tritte würde er noch leben. Er sei nicht aggressiv gewesen, wollte sich mit seinem Schlag nur schützen. Weder sein erster Schlag noch der unentdeckte Herzfehler seien erheblich. Im Übrigen habe niemand einen Anspruch auf ein gesundes Opfer.

Das Gericht bleibt mit seinem Urteil nur geringfügig unter den von der Staatsanwaltschaft beantragten Strafen: Am 6. September 2010 wird Markus Sch. wegen Mordes und versuchter räuberischer Erpressung zu neun Jahren und zehn Monaten Jugendstrafe verurteilt. Sebastian L. bekommt sieben Jahre Jugendstrafe wegen Körperverletzung sowie versuchter räuberischer Erpressung mit Todesfolge. »Die Angeklagten hatten sich entschlossen, sich an Dominik Brunner zu rächen«, sagt Richter Baier. Sie seien »aufs Höchste verärgert gewesen, dass sie von einem Wildfremden in ihre Schranken gewiesen wurden.«

»Lieber Held, möge Gott Dich mit offenen Armen empfangen. Für Deinen Mut hast Du einen Ehrenplatz im Himmel verdient.«[1]

Ob dem wirklich so war, wissen nur die Jugendlichen selbst. Sie sitzen mittlerweile in der Justizvollzugsanstalt Ebrach in Oberfranken ihre Strafe ab. Die Diskussion über den Fall Brunner ist mit dem Urteil nicht beendet. Die Anwälte der beiden Täter haben Revision angekündigt.

1.2 | Chronologie eines Falles

12. September 2009, 15.45 Uhr:
An der Münchner S-Bahn-Haltestelle Donnersbergerbrücke bedrohen drei Jugendliche im Alter von 17 und 18 Jahren vier Schüler. Die Jugendlichen fordern 15 Euro von den 13- bis 15-Jährigen und schlagen mindestens einen der beiden Jungs der Gruppe.

12. September 2009, 15.58 Uhr:
Die S-Bahn in Richtung Solln fährt in den Bahnhof ein. Die Schüler steigen ein. Zwei der pöbelnden Jugendlichen ebenfalls, der dritte wechselt in eine andere Bahn. Die späteren mutmaßlichen Täter sprechen laut darüber, wie sie den Schülern das Geld abnehmen wollen. Dominik Brunner schaltet sich ein und fordert die Jugendlichen auf, Ruhe zu geben.

12. September 2009, 16.00 Uhr:
Der 50-Jährige verständigt per Notruf die Polizei. Den Schülern bietet er an, gemeinsam mit ihm am S-Bahnhof Solln auszusteigen. Eigentlich wollten sie schon vorher in Mittersendling aussteigen.

12. September 2009, 16.09 Uhr:
Die S-Bahn fährt in Solln ein. Brunner steigt mit den Schülern aus, die beiden Angreifer folgen ihnen. Zeugenaus-

sagen zufolge legt Brunner Jacke und Rucksack ab und schlägt in Erwartung eines Angriffs zuerst zu. Die beiden Jugendlichen schlagen zurück und treten auf Brunner weiter ein, auch als er schon am Boden liegt. Brunner verliert das Bewusstsein.

12. September 2009, 16.10 Uhr:
Ein Streifenwagen fährt ohne Blaulicht und Martinshorn zum Bahnhof, da aus Brunners Anruf keine akute Bedrohungssituation zu erkennen war.

12. September 2009, bis ca. 16.13 Uhr:
Mehrere Augenzeugen rufen bei der Polizei an und melden eine Schlägerei am S-Bahnhof Solln. Die Streife, die bereits unterwegs ist, schaltet nun Blaulicht ein. Der Rettungsdienst wird alarmiert.

12. September 2009, ca. 16.17 Uhr:
Ambulanz und Polizei treffen zeitgleich am Bahnhof ein. Brunner liegt bewusstlos am Boden. Die Rettungskräfte beginnen mit der Reanimation, die später im Klinikum Großhadern fortgeführt wird. Die Täter rennen in ein 100 Meter entferntes Gebüsch und verstecken sich. Eine Schallschutzwand verhindert allerdings, dass sie entkommen.

Chronologie eines Falles

12. September 2009, 17.30 Uhr:
Sebastian L. und Markus S., die sich in einem nahe gelegenen Gebüsch versteckt haben, werden festgenommen.

12. September 2009, 18.20 Uhr:
Dominik Brunner stirbt im Krankenhaus an Herzstillstand durch Kammerflimmern. Die Obduktion ergibt, dass Brunner ein stark vergrößertes Herz hatte. Bis in die frühen Morgenstunden vernimmt die Polizei die Beschuldigten und Zeugen.

13. September 2009:
Am Tatort legen Betroffene Bürger unzählige Blumen, Kerzen und Briefe nieder. Gegen die beiden Hauptbeschuldigten wird Haftbefehl erlassen. Der dritte Jugendliche, der kurz vor der Eskalation die S-Bahn gewechselt hatte, wird festgenommen.

16. September 2009:
Auf dem Parkplatz des S-Bahnhof Solln veranstalten örtliche Kirchen und der Bezirksausschuss eine ökumenische Trauerveranstaltung. Alle öffentlichen Verkehrsmittel in München stehen um 18 Uhr für eine Gedenkminute still.

18. September 2009:
Dominik Brunner wird im engsten Kreis in Ergoldsbach beerdigt.

1.3 | Eine tragische Geschichte

Interview mit Prof. Christian Pfeiffer. Der Kriminologe und Jurist leitet das Kriminologische Forschungsinstitut Niedersachen.

Monatelang hielt der tragische Tod Dominik Brunners auf dem Bahnhof München-Solln Deutschland in Atem. Am 6. September 2010 verurteilte die Jugendkammer des Landgerichts München I Markus Sch. (19) wegen Mordes zu einer Jugendstrafe von neun Jahren und zehn Monaten, nur zwei Monate weniger als die höchstmögliche Jugendstrafe. Der Angeklagte Sebastian L. (18) wurde wegen Körperverletzung mit Todesfolge zu sieben Jahren verurteilt.

Herr Prof. Pfeiffer, wie bewerten Sie dieses Urteil?
Ich kann das Urteil nicht abschließend bewerten, denn der Fall Dominik Brunner wird die Gerichte auch über das Urteil hinaus beschäftigen. Die Anwälte der beiden Täter haben angekündigt, Revision einzulegen. Dann wird der Bundesgerichtshof (BGH) klären müssen, ob rechtliche Fehler in dem Brunner-Urteil aufgetreten sind.

Was könnten das für rechtliche Fehler sein?
Ich kann verstehen, dass die Anwälte der Täter die Begründung des Urteils überprüfen lassen möchten. Der BGH müsste im Falle einer Revision zum Beispiel prüfen, ob das Mordmerkmal aus niederem Beweggrund als nachgewiesen gilt. Niedrige Beweggründe sind § 221 STGB zufolge Beweggründe, die nach allgemeiner sittlicher Wertung auf tiefster Stufe stehen und nach allgemeinen

Wertmaßstäben besonders verachtenswert sind (Anm. d Red.).
Der Anwalt des Täters geht davon aus, dass dem nicht so ist.

Warum nicht?
Es ist unstrittig, dass Brunner sich den beiden in einer kämpferischen Haltung genähert hat. Dann hat er den ersten Schlag gesetzt – und zwar zu einem Zeitpunkt, als die Kinder sich längst in Sicherheit befanden. Es ist gut möglich, dass es in diesem Moment nicht mehr um den Schutz der Kinder ging, sondern um eine Auseinandersetzung zwischen dem »mutigen« Dominik Brunner und zwei pöbelnden Jugendlichen.

Inwieweit würde sich das auf das Urteil auswirken?
Wenn der Bundesgerichtshof erneut prüft, bliebe es bei dem ersten Täter möglicherweise weiterhin bei dem Urteil Mord. Denn Markus Sch. hat auch noch auf Brunner eingetreten, als der schon wehrlos am Boden lag und das nach Feststellung des Gerichts mit Tötungsvorsatz. Der Fakt, dass Brunner zuerst zugeschlagen hat, könnte sich allerdings strafmildernd auswirken.

Und bei dem zweiten Täter?
Der Anwalt von Sebastian L. akzeptiert zwar die Bewertung der Körperverletzung mit Todesfolge. Dennoch hält auch er das Strafmaß von sieben Jahren für zu hoch. Ich kann das nachvollziehen, denn Abschreckung der Allgemeinheit durch ein Urteil hat im Jugendstrafrecht nichts verloren. Junge Täter sollen durch die Strafe wieder in die Gesellschaft eingegliedert werden. Der Tod Brunners ist überdies durch sein Herzproblem eingetreten.

Wie kommt denn dann das aktuelle Urteil zustande?
In der jetzigen Urteilsbegründung unterstellt die Staatsanwaltschaft zumindest dem Haupttäter, aus Rache auf den Angriff gehandelt zu haben. Außerdem geht sie davon aus, dass der erste Schlag Brunners Nothilfe war. Das ist aber keineswegs so klar, denn mehrere Zeugen gaben an, dass die eigentliche Gefahr längst vorüber war, als Brunner, die Kinder und die Jugendlichen aus der S-Bahn ausgestiegen waren. Ein Schlag aus Nothilfe war also offenbar unnötig.

Ist das jetzige Strafmaß zu hart?
Das hängt von der Bewertung dieser Nothilfe-Frage ab. Es ist hart, aber angemessen, wenn Markus Sch. wirklich die Absicht gehabt hat, Brunner zu töten und auch der BGH die Nothilfelage bestätigt. Das Urteil wäre aber zu hart, wenn zu Beginn des Kampfes objektiv keine Nothilfe erforderlich war. Vom Tötungsvorsatz ist auszugehen: Wer mehrmals brutal auf einen wehrlos am Boden liegenden Menschen eintritt, handelt vorsätzlich und nimmt den Tod des Opfers in Kauf.

Warum hat die Staatsanwaltschaft erst so spät öffentlich gemacht, dass Brunner zuerst zugeschlagen hat und eine Herzschwäche hatte?
Die Staatsanwaltschaft hat die Fakten wohl absichtlich spät veröffentlicht, um eine entsprechende Stimmung zu erzeugen und die Öffentlichkeit auf ihre Seite zu bringen.

Ist das Urteil richtungsweisend?
Nein, das ist das Ärgerliche an dem ganzen Fall: Das Urteil wird im Hinblick auf den Aspekt Zivilcourage total überschätzt. Das

Verhalten Brunners nach dem Aussteigen aus der S-Bahn mag menschlich gesehen nachvollziehbar sein. Objektiv betrachtet hat er sich aber mehr als zweifelhaft verhalten. Nicht nur, dass er seine Jacke ausgezogen und den Rucksack zur Seite gelegt hat, er ist auch aktiv mit erhobenen Fäusten auf die Jugendlichen zugegangen. Und er soll außerdem verbal angekündigt haben, dass es gleich Ärger geben werde.

Wird das Verfahren anderen jugendlichen Straftätern eine Lehre sein?
Nein, die Höhe der Strafe ist nicht abschreckend, sondern das Risiko des Erwischtwerdens. Jugendliche reagieren sehr spontan, die Dynamik einer Tat wie in München-Solln folgt anderen Regeln. Daher bringt es überhaupt nichts, wenn Politiker und die Öffentlichkeit nach derartigen Ereignissen lauthals nach härteren Strafen verlangen.

Ihr Fazit im Fall Brunner?
Brunners Fall ist eine tragische Geschichte. Er hat anfangs zivilcouragiert reagiert und sich der Kinder angenommen. Doch schon in der S-Bahn hat er den ersten gravierenden Fehler gemacht: Er hat niemanden gebeten, ihn zu unterstützen. Auf dem Bahnsteig ging es dann weiter. Trotzdem avancierte Brunner zur Ikone der Zivilcourage. Immer wieder wurde gelobt, dass er alles richtig gemacht habe. Die eigentliche Botschaft des Falles ist hingegen nicht kommuniziert worden: Zivilcourage ist wichtig. Aber wer sich falsch einmischt, gerät schnell in große Gefahr.

2 Tatort Deutschland

*»Die Stärke unserer Gesellschaft
misst sich am Wohl der Schwachen.«*
Helmut Simon

2.1 | Wenn Menschen auf der Strecke bleiben

Sie laufen unmotiviert um den Sportplatz, prügeln sich um zehn Euro, treten gegen Stühle, beschimpfen die Sozialarbeiter und Therapeuten. Die fünfzehn straffällig gewordenen Jungs sind zornig, frustriert, aggressiv. Sie verstehen nicht, warum gerade Boxen ihr Leben verändern soll. »Für was soll ich boxen, wofür den Scheiß? Ich brauch euch nicht, das hier ist ein Abstellgleis.« Mit Sprüchen wie diesen wehren sie sich gegen das Projekt Work and Box. Doch es ist ihre letzte Chance. Ein Jahr haben die Jugendlichen Zeit, sich darin zu bewähren. Sie lernen boxen und werden aufs Leben vorbereitet. Das Ziel der Box-Selbsterfahrung: ein Schulabschluss oder eine Lehrstelle. Wer die Auflagen nicht erfüllt, wandert in den Knast.

Boxen im Ring, Bäume fällen im Wald, Kanu fahren auf dem Fluss, über seine Gefühle reden auf dem »heißen Stuhl«: Wozu das alles? Bisher bestand der Alltag der jugendlichen Straftäter vor allem aus Gewalt und Drogen. Nun sind sie Teil des Work-and-Box-Projekts in Taufkirchen bei München. Hier sollen sie boxen lernen und im besten Fall ein neues Leben beginnen. Es geht um

Selbstbewusstsein, Verantwortung, Reibung. »Sie kommen mit ihren Gefühlen in Berührung und müssen sich ihren Platz in der Gesellschaft erkämpfen«, sagt Werner Makella, der das Projekt leitet. Als systemischer Familientherapeut bringt er einen großen Erfahrungsschatz mit, von dem die Jungs profitieren können.

Handys abziehen, Gras rauchen, sich prügeln, Graffiti sprayen oder Autos demolieren – gegen gesellschaftliche Normen zu verstoßen und sich so den Extra-Kick zu holen, das gehört für viele Jugendliche zum Erwachsenwerden – vor allem für die Jungs. Fast jeder junge Mann begeht in seinem Leben mindestens eine kriminelle Tat, belegt die Forschung. Die meisten werden nicht erwischt. Gut so, denn zum überwiegenden Teil sind die kriminellen Hobbys eine vorübergehende Sache. Je älter die Jugendlichen werden, je mehr sich ihre Persönlichkeit ausbildet, desto seltener sind Delikte. Nur zwei bis zehn Prozent schlagen eine kriminelle Karriere ein: Sie begehen auch über das »Rüpelalter« hinaus Straftaten – aus halbstarken Großmäulern werden chronische Delinquenten.

Diese kleine Gruppe immer wieder auffällig werdender Jugendlicher schockiert Politiker, Fachleute und Bürger gleichermaßen. Die Jugendlichen treten brutal zu, benutzen Messer und töten aus nichtigem Anlass. Viele Menschen fragen sich, warum die Zwischenfälle der um sich schlagenden Kids immer brutaler werden. »Anders als früher steht bei ihnen kein materieller Vorteil im Vordergrund, sondern die Gewalttaten an sich«, sagt Christoph Ahlhaus, Ex-Innensenator und heutiger Bürgermeister Hamburgs. Als Auslöser für ihre Taten führen die Angreifer selbst Nichtigkeiten und Banalitäten an. »Der hat mich komisch anguckt.« Gewalt wird um ihrer selbst willen verübt; sie dient zunehmend der eigenen Unterhaltung und als Zeitvertreib.

Im September 2009 kommt Dominik Brunner auf dem S-Bahnsteig zu Tode, weil er sich schützend vor vier Kinder stellt. Markus S. und Sebastian L. schlagen und treten auf den Manager auch noch ein, als dieser längst verletzt am Boden liegt. Innerhalb weniger Minuten werden aus den chillenden, alkoholisierten Jugendlichen Menschen, die einen anderen zu Tode geprügelt haben.

Zwar sanken die Zahlen für Gewaltkriminalität in den vergangenen Jahren. Ob die erfolgten Überfälle jedoch heftiger sind als noch vor wenigen Jahren, ist wissenschaftlich nicht belegt. Es fehlt an Methoden, um das nachzuweisen. Kriminologen können daher nicht sagen, ob sich hinter den brutalen Überfällen der vergangenen Monate – wie häufig vermutet – tatsächlich ein neuer Trend verbirgt.

Egal, ob Trend oder nicht: Berichte über Gewalttaten verunsichern die Bevölkerung. Die Jugendgewalt gilt als Indiz für die Entwicklung von Werten und Normen in unserer Gesellschaft. »Anders als bei Sachschäden oder Eigentumsdelikten stören selbst erlebte oder im direkten Umfeld berichtete gewalttätige Übergriffe empfindlich das Vertrauen in die soziale Gemeinschaft«, sagt Christian Pfeiffer, Direktor des Kriminologischen Forschungsinstituts Niedersachsen (KFN).

Deutschland ist ein sicheres Land

Dennoch sieht der Kriminologe keinen Grund zur Sorge. Denn auch die Akzeptanz für gewalttätiges Verhalten ist in den letzten Jahren hierzulande zurückgegangen, auch bei den Jugendlichen. Die große Mehrheit der Heranwachsenden lehnt aggressive Schlägereien ab. Das macht der Forschungsbericht »Jugendliche in Deutschland als Opfer und Täter von Gewalt« aus dem Jahr 2009 deutlich. 1998 fand es noch jeder Zweite cool, sich auf dem Schulhof zu prügeln. Heute ist körperliche Gewalt nur noch bei einer sehr kleinen Gruppe von Jugendlichen angesagt. »Deutschland entwickelt sich in die richtige Richtung«, so Kriminologe Pfeiffer. In der Schule und den Familien habe es in den vergangenen Jahren einen Wertewandel gegeben. »Die Leute sind aufmerksamer geworden, sie zeigen selbst häusliche Gewalt und Kindesmisshandlungen häufiger an.« Die Täter erhalten öfter Anzeigen, müssen häufiger mit einer Strafverfolgung rechnen – und schlagen seltener zu.

Im Mai 2010 versetzt der 16-jährige Elias S. aus Hamburg die Nation in Schrecken. Nach einem kurzen Wortwechsel tötet er einen drei Jahre älteren Jugendlichen mit mehreren Messerstichen in der S-Bahnstation Jungfernstieg.

Aus Sicht der Juristen handelt es sich immer noch um Einzeltäter, die sich mit jugendlichem Zorn Gehör in der Gesellschaft verschaffen. »Nimmt die Jugendarmut weiter zu, so dass sich vermehrt soziale Randgruppen wie in den USA bilden, könnte die Situation kippen«, sagt Pfeiffer. Zwar sind auch in den USA die Verbrechenszahlen wie zum Beispiel bei Tötungsdelikten seit fast zwanzig Jahren rückläufig. Dennoch sind die Probleme hierzulande im Vergleich zu den dort herrschenden Gewaltszenarien harmlos.

Bildung ist die beste Prävention

Damit das auch so bleibt, forschen Experten seit vielen Jahren, wie sich kriminelles Verhalten am besten verhindern lässt. Schwerpunkte der präventiven Arbeit: eine gute und gerechte Bildung sowie begleitende Elternarbeit, attraktive Freizeitangebote für alle Kinder sowie die Eindämmung von Drogen- und Medienkonsum.

Seit 1995 trifft sich die kriminologische Fachwelt auf dem Deutschen Präventionstag (DPT), dem europaweit größten Kongress zum Thema Kriminalprävention. Auch auf dem DPT 2009 waren sich die 300 Wissenschaftler einig: Bildung beugt Gewalt am besten vor. Je besser Kinder zu Hause, in der Freizeit und in der Schule gefördert werden, desto höher sind ihre Chancen auf ein individuell erfülltes Leben und gesellschaftliche Integration.

Schulsystem benachteiligt sozial Schwache

Für mindestens ein Viertel aller Kinder in Deutschland ist das eine schlechte Nachricht. Sie stammen aus sozial schwächeren Familien – und sind in Sachen Bildung erheblich benachteiligt. Nach der ersten PISA-Studie aus dem Jahr 2001 haben weitere Studien nachgewiesen, dass das deutsche Bildungssystem ungerecht arbeitet. In kaum einem anderen Industriestaat entscheidet die sozioökonomische Herkunft der Eltern so sehr über den Schulerfolg und die Bildungschancen der Kinder wie in Deutschland, stellt selbst das Bundesministerium für Bildung und Forschung fest.

So gehen Kinder aus sozial schwächeren Familien – trotz gleichwertiger intellektueller Fähigkeiten – seltener aufs Gymnasium. Im Jahr 2003 kommt nur jeder fünfte Gymnasiast aus einer sozial schwachen Familie. An den Hauptschulen stammt hingegen jeder zweite Schüler aus dem Armenmilieu. Gründe dafür gibt es mehrere: Kinder aus sozial schwachen Familien werden von Lehrern systematisch schlechter eingeschätzt als Schüler aus bessergestellten Verhältnissen. Dadurch bekommen sie seltener eine Empfehlung fürs Gymnasium. Sie stammen aus Zuwandererfamilien und sind schlechter integriert. Sie wachsen oft in ärmeren Verhältnissen auf, so dass ihnen weder ein abwechslungsreiches Freizeitangebot noch Nachhilfeunterricht vergönnt ist. Rund eine Million Schüler – vornehmlich aus der Mittelschicht – nehmen hingegen ausgiebig zusätzliche Förderangebote in Anspruch. Bis zu eineinhalb Milliarden Euro geben ihre Eltern für Nachhilfe aus, hat die Bertelsmann Stiftung ausgerechnet.

Im Gegensatz dazu: Mehr als 2,6 Millionen Minderjährige leben von Sozialhilfe. Das sind weniger als 208 Euro im Monat. UNICEF und das Prognos-Institut für Zukunftsforschung in Berlin berichten, dass hierzulande jedes sechste Kind in Armut lebt. Der Präsident des Deutschen Kinderschutzbundes, Heinz Hilgers, schätzt die Dunkelziffer auf das Doppelte. Werden sie durch das deutsche Bildungssystem weiterhin so eklatant benachteiligt, sind ihre Chancen auch auf dem Arbeitsmarkt gering. »Wir sind dabei, Millionen Kinder zu künftigen Leistungsempfängern zu erziehen«, warnt Hilgers.

Im Oktober 2009 schlagen mehrere Jugendliche einen 36-jährigen Mann in Bayern zusammen. Er wollte einen Streit zwischen den jungen Leuten schlichten, nachdem sich zwischen zehn Jugendlichen ein Handgemenge entwickelt hatte. Der Helfer bekam einen Faustschlag ins Gesicht verpasst; ein 17-Jähriger soll zudem mit dem Knie zweimal gegen den Kopf des am Boden liegenden Mannes getreten haben.

Das Elternhaus prägt

Doch nicht nur die Bildung der Kinder selbst, auch die ihrer Eltern spielt eine wichtige Rolle. Wie stark der Werdegang ihres Nachwuchses davon abhängt, ob die Eltern etwas gelernt haben, zeigt der Bildungstrichter 2007 der Sozialerhebung des Deutschen Studentenwerks: Hat der Vater studiert, wird auch sein Kind mit größerer Wahrscheinlichkeit auf das Gymnasium gehen und studieren. Kinder aus einem nicht akademischen Elternhaus besuchen hingegen sehr viel seltener eine Universität.

Die Mutter von Markus Sch., einem der Täter vom S-Bahnhof München-Solln, glaubt, dass die Schule das Leben ihres Sohnes veränderte. Bis dahin sei alles normal gewesen, sagt sie in dem preisgekrönten Film »Tragödie von Solln«. Als er es dann als einer von zwei Schülern nicht auf eine weiterführende Schule geschafft habe, »hat das sein Selbstwertgefühl nicht gerade positiv beeinflusst.« Auf der Hauptschule fehlte Markus oft, er verließ sie ohne Abschluss; den holte er erst später nach.

Wenn Menschen auf der Strecke bleiben

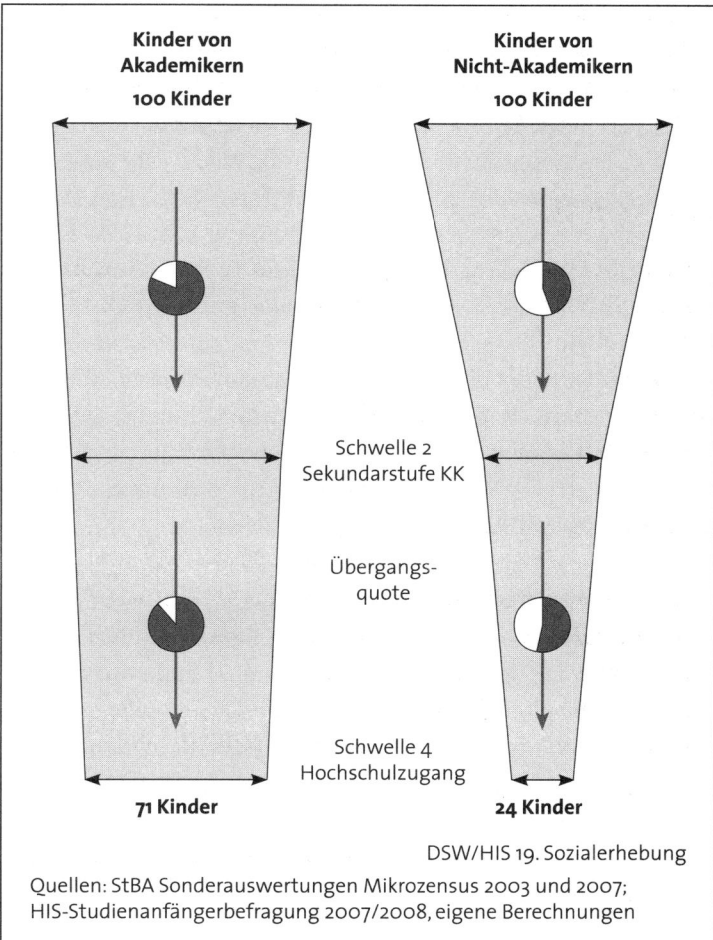

Schematische Darstellung sozialer Selektion – Bildungsbeteiligung von Kindern nach Hochschulabschluss des Vaters (aus der Sozialerhebung des Deutschen Studentenwerkes 2010)[2]

Kinder spüren Ungerechtigkeit schon früh

Wenn Kinder von Anfang an im Hintertreffen sind, geht das nicht spurlos an ihnen vorüber. Eine bundesweite, repräsentative Befragung des Kinderhilfswerks World Vision hat im Jahr 2007 rund 1600 Kinder von acht bis elf Jahren zu ihren Nöten und Problemen befragt:[3] Kids aus sozial schwachen Elternhäusern fühlen sich schon in jungen Jahren für den Rest ihres Lebens benachteiligt. »Die schlechteren Startchancen von Kindern aus den unteren Herkunftsschichten prägen alle Lebensbereiche und wirken wie ein Teufelskreis«, sagt Klaus Hurrelmann, Sozialwissenschaftler und Leiter der Studie. Wie ein roter Faden ziehe sich die Stigmatisierung und Benachteiligung durch das Leben der Kinder.

So rutschen viele sozial benachteiligte Kinder von einer Misere in die nächste. Aufgewachsen in einer zerbrochenen Familie, wo man statt gemeinsam zu spielen nur vor dem Fernseher hockt, wo gemeinsame Mahlzeiten eine Seltenheit sind, wo statt Fürsorge und Liebe Desinteresse und Gefühlskälte herrschen.

Das ist fatal. Denn das menschliche Gehirn kann nur in einer Atmosphäre voller Liebe und Zuneigung optimal reifen. Wer zu Hause physische oder psychische Gewalt erlebt, ist unkonzentriert und hat ein niedriges Selbstwertgefühl. Die einen werden später psychosomatisch krank; die anderen holen sich Zuwendung und Anerkennung, indem sie mit gleichgesinnten Kumpels kriminellen Hobbys nachgehen.

März 2009, es ist Freitagnacht. Zwei junge Männer, 23 und 24 Jahre alt, besteigen den Bus X 69 in Richtung Berlin Müggelsee. Sie sind betrunken und haben Drogen genommen. Sie fühlen sich vom Busfahrer provoziert und beobachtet. Als er in ihre Richtung kommt, schlagen und treten die beiden plötzlich auf ihn ein. Er habe reflexartig die Gaspistole abgedrückt, wird einer der beiden Täter später zu seiner Verteidigung sagen. Der Schuss trifft den Busfahrer ins Gesicht. Er erleidet einen Schock und Verätzungen an beiden Augen, die wochenlang behandelt werden müssen.

Hauptschule – ein eigenes Risiko für Straffälligkeit

Diverse Studien belegen, dass es eine Reihe von Risikofaktoren gibt, die eine kriminelle Karriere wahrscheinlicher machen. Dazu zählen Freunde, Alkohol und Drogen, Religion und auch die Schulform. Die meisten jugendlichen Straftäter kommen aus Haupt- und Förderschulen. In einer Befragung des Kriminologischen Forschungsinstituts Niedersachsen (KFN) gab nahezu jeder fünfte Förder- oder Hauptschüler an, in dem untersuchten Jahr eine Körperverletzung begangen zu haben. Bei Gymnasiasten und Waldorfschülern war es ein Drittel davon.

»Der Besuch einer Hauptschule verstärkt die Gefahr für Jugendgewalt«, sagt Christian Pfeiffer, der Leiter des KFN. »Seit etwa zehn Jahren treffen in den Hauptschulen zunehmend Jugendliche aus sozial belasteten Familien aufeinander.« Die Schüler würden sich mit ihren Problemen gegenseitig hochschaukeln. Gemeinsam fühlten sie sich stark und steckten sich gegenseitig zu kriminellem Handeln an. »In der Gruppe wird das eigene schlechte Gewissen unbedeutender«, so Pfeiffer. »Die Jugendlichen trauen sich plötzlich Dinge, die allein unvorstellbar wären.«

Für viele der familiär vorbelasteten Kinder beginnt die kriminelle Karriere, wenn sie sich in der Schule nicht konzentrieren können, die Leistungen absacken, sie immer öfter schwänzen. Zwar wird nicht jeder Schulschwänzer gleich zum Kriminellen. Doch viele Gewalttäter fallen in der Schule das erste Mal negativ auf.

Falsche Freunde ebnen den Weg in die Kriminalität

Untersuchungen konnten außerdem zeigen, dass die Anzahl der kriminellen Freunde einen großen Einfluss darauf hat, ob man auf die schiefe Bahn gerät. Wer mehr als fünf zwielichtige Freunde hat, wird doppelt so oft zum Mehrfachtäter als ein Jugendlicher ohne straffällige Freunde.

Ihre nachbarschaftliche Nähe oder die gemeinsame Schule bringt sie zusammen. In echten Gangs sind sie heute nur noch selten unterwegs. Der heimatliche Kiez, das Freizeitheim um die Ecke oder der Schulhof scheinen mitunter sogar wichtiger als eine politische oder ethnische Verbundenheit zu sein.

Brutale Gläubige

Vier von fünf Fällen jugendlicher Gewalt wird von Jungen begangen, meist stammen sie aus Zuwandererfamilien.[4] Mehrfachtäter haben ihre Wurzeln besonders oft in der islamisch geprägten Welt. Sie stammen zum Beispiel aus der Türkei, Afghanistan oder dem Libanon.[5] Vor allem streng religiöse muslimische Jugendliche schlagen häufig zu. Anders verhält es sich mit evangelischen und katholischen Heranwachsenden. Sie begehen seltener Delikte – das gilt auch für christliche Zuwanderer aus Polen oder der ehemaligen Sowjetunion. Besonders selten werden asiatische Jugendliche gewalttätig.

Neben den kulturellen und religiösen Einflüssen hat die erhöhte Straffälligkeit von Jungen mit Migrationshintergrund zwei weitere Gründe: Sie werden mehr beobachtet, sind einer stärkeren sozialen Kontrolle unterworfen und werden daher eher angezeigt als deutsche Jugendliche. Mindestens jeder fünfte männliche Ausländer verlässt außerdem die Schule ohne ein Abschlusszeugnis. Die Chancen auf eine Lehrstelle, einen Beruf und ein geregeltes Leben sind damit denkbar schlecht.

Die Herkunft und Religionszugehörigkeit der Jugendlichen wird allerdings unwichtig, wenn man die sozialen Ursachen herausrechnet. Ausschlaggebend sind also vielmehr die schon erwähnten sozialen Verhältnisse, sie scheinen für Jungen mit Migrationshintergrund besonders ungünstig zu sein. Wachsen Kinder hingegen in vergleichbaren familiären, schulischen und sozialen Verhältnissen auf, spielt es keine Rolle mehr, woher die Jugendlichen und ihre Familien stammen.

Das zeigt auch das Beispiel von Fabian Salar: Der Mann starb, weil er helfen wollte. Er wurde von vier Türken zu Tode getreten und geschlagen. Der Sohn eines Persers und einer Österreicherin war von seinem Elternhaus aus durch den Islam geprägt. Dennoch schickte ihn sein Vater auf ein christliches Gymnasium. Unterschiedliche Kulturen, Menschen und Religionen empfand die Familie immer als Bereicherung. Er sei ein Zartoscht gewesen, sagt der Vater, ein Anhänger der Lehren Zarathustras: gute Gedanken, gute Worte, gute Taten.

Alkohol schwimmt im Blut der meisten Schläger

»In einer schlechten Welt versuchst du dich zu betäuben, um Ausgleich zum Alltag zu suchen«, betitelt Markus S., einer der Täter aus München-Solln, eine seiner düsteren Zeichnungen. Alkohol und Cannabis spielten in dem anscheinend hoffnungslosen Leben des Jungen eine immer größere Rolle.

Wie der 18-jährige Münchner haben viele jugendliche Straftäter ein massives Alkohol- oder Drogenproblem. So ist etwa die Hälfte der jugendlichen und heranwachsenden Straftäter alkoholisiert, wenn sie auf andere Menschen losgehen oder randalieren. Vor allem bei Gewalttaten ist Alkohol auffallend oft im Spiel.

Die Macht der Bilder

Verlorene Seele, enthemmte Impulse, unterdrückte Aggressionen – damit es zu dem entscheidenden Steinwurf, Messerstich oder Fußtritt kommt, fehlt oft nur noch die passende Gelegenheit. Die meisten Schlägereien entstehen spontan, einfach so. Dass die Täter dabei oft bis zum blutigen Ende zuschlagen oder -treten, führt die Fachwelt auch auf den heute weit verbreiteten Konsum brutaler Video- und Computerspiele zurück. »Anders als vorgelesene oder gehörte Inhalte beeinflussen visuelle Eindrücke unsere Mitleidsfähigkeit stärker und nachhaltiger«, sagt Christian Pfeiffer. Brutale Computerspiele stumpfen die Jugendlichen ab, verängstigen sie, gewöhnen sie an Gewalt, reduzieren ihr Mitgefühl für andere und machen sie in Verbindung mit anderen Belastungsfaktoren aggressiv.

Der Student Thilo B. aus Wedding verbrachte einen lauen Sommerabend im Berliner Mauerpark. Kurz vor fünf Uhr morgens beobachtet er beim Warten auf die S-Bahn vier kräftige Kerle, die im Kreis um eine Frau herumstehen. Thilo schreitet ein – und wacht irgendwann auf dem Boden des Bahnsteigs auf. Er hat starke Schmerzen, Blutergüsse unter den Augen, aufgeplatzte Lippen, eine zertrümmerte Nase und eine Platzwunde am Kopf. Von den Tätern fehlt bis auf einen Fußabdruck auf Thilos Stirn jede Spur.

Fernsehen und Internet bringen die Kinder zudem mit fraglichen Vorbildern in Kontakt: Bushido, Hardcore-Rapper aus Berlin-Neukölln, hat eine riesige Fangemeinde – und steht mit vielen seiner Lieder auf dem Index. Knastgänger Menowin Fröhlich bekam im Frühjahr 2010 über Wochen im abendlichen Privatfernsehen eine Plattform – und zeigte, dass trotz massiver krimineller Energie bundesweite Anerkennung möglich ist. Im Jahr 2005 war er wegen Körperverletzung und Betrugs verurteilt worden. Im Superstar-Finale 2010 sei Menowin nicht mangels Talent gescheitert, sondern an seiner Vergangenheit mit Drogen, Lügen, Knast und Gewalt, urteilt eine große deutsche Tageszeitung.[6]

Es ist nicht neu, dass sich dieses Dilemma vor allem in Familien mit niedrigem Bildungsniveau abspielt. Sie verfügen über weitaus mehr Bildschirmgeräte und Spielekonsolen als Mittelschichtfamilien.[7]

Killerspiele – was bewirken sie wirklich?

Gesicherte Erkenntnisse darüber, ob virtuelle Gewalt auch mehr reale Gewalt erzeugt, fehlen bislang. Langzeitbeobachtungen und somit Erkenntnisse darüber, wie lange die Effekte anhalten, gibt es gar nicht. Vorhandene Studien zum Einfluss von Killerspielen widersprechen sich oder weisen methodische Mängel auf.

Eine umfangreiche Untersuchung des amerikanischen Psychologen Craig Anderson mit den Daten von mehr als 130 000 Kindern und Jugendlichen zeigt lediglich einen minimalen Zusammenhang. Gewaltspiele stellen zwar ein Risiko für aggressives Denken und Handeln dar und können dem Einfühlungsvermögen und positiven Sozialverhalten schaden. Die Auswirkungen seien Anderson zufolge aber nicht so groß, dass sie darüber bestimmten, ob man sich einer Gang anschließt oder nicht.

An einem regnerischen Freitagabend in Berlin sitzt Sven N. in der U-Bahn auf dem Weg zu seiner Freundin. Im Nachbarabteil beobachtet er eine Meute Jugendlicher, die rauchen, Wodka trinken und auf den Sitzen herumturnen. Kurze Zeit später wechseln die Jugendlichen das Abteil und kommen direkt auf ihn zu. Sekunden später hat Sven N. eine Faust in der Magengrube, ein Knie im Gesicht. Er geht blutend zu Boden, wird schwer verletzt. Der junge Mann zieht danach weg aus der Großstadt. Nur mit psychotherapeutischer Hilfe kommt er über den Vorfall weg.

Auch wenn der schädliche Einfluss von Medien bisher wissenschaftlich nicht gesichert werden konnte, ist die Existenz von Gewalt an sich unstrittig und es muss an der Alltagsfront etwas dagegen getan werden. Millionen Jugendliche brauchen täglich ernst gemeinte, anpackende Hilfe. Projekte wie Work and Box in München machen es vor: Am Herzen berühren, authentisch handeln, die Gesellschaft verändern. Seit 2002 kämpfen die Macher um und mit jedem einzelnen ihrer hundert Jungs, bei rund 80 Prozent erfolgreich. Bundesweit hat das Projekt viel Zustimmung geerntet, denn es zeigt: Gewalttätige Jugendliche brauchen keine härteren Strafen, sondern Hilfe, Zuwendung und Bejahung. Nur so werden sie einen Platz in unserer Gesellschaft finden.

2.2 | Soziale Brennpunkte – hier sollten Sie vorsichtig sein

Deutschland gehört laut Polizeilicher Kriminalstatistik (PKS) 2009 zu den sichersten Ländern der Welt. Die Zahl der registrierten Straftaten ist gegenüber dem Vorjahr um ein Prozent auf 6 054 330 zurückgegangen – und folgt damit einem Trend, der sich auch schon in den letzten Jahren angedeutet hat. Die Polizei klärte rund die Hälfte aller Delikte auf. Das waren so viele wie noch nie seit Einführung der gesamtdeutschen Kriminalstatistik im Jahr 1993.

Die Gefahr, ein Opfer von Kriminalität zu werden, ist im Norden größer als im Süden. So wurden 2009 die meisten Straftaten in Schleswig-Holstein und Mecklenburg-Vorpommern, in Sachsen-Anhalt und Nordrhein-Westfalen sowie in Berlin, Hamburg und Bremen begangen. Bezogen auf die Einwohner der Stadt, bleibt Frankfurt am Main wie schon im Jahr 2008 das heißeste Pflaster. Danach folgen Hannover, Berlin und Bremen. Absolut gesehen die meisten Fälle hatte im Jahr 2009 die Berliner Polizei mit rund 500 000 Straftaten zu lösen. Doch auch in Hamburg war mit rund 240 000 Fällen ordentlich was los, gefolgt von Köln mit 136 000 registrierten Delikten.

Jede Großstadt hält ihre dunklen Ecken und sozialen Brennpunkte bereit. Doch nicht nur hier geraten Menschen aneinander. Die jüngsten Überfälle im öffentlichen Nahverkehr in München und Hamburg zeigen: Es gibt keine besonders sicheren oder unsicheren Orte. Abgesehen von der Familie – wo Kinder häufiger Gewalt ausgesetzt sind als dass sie selbst gewalttätig sind – ereignet sich Kriminalität überall dort, wo Menschen zusammenkommen. Im Bus, auf dem Marktplatz oder vor dem Fußballstadion. Häufigster Tatort sind öffentliche Räume wie Straßen, Wege oder Plätze. Danach folgen Wohnungen, Haltestellen, Clubs. Sowohl der Schulweg als auch die Schule spielen logischerweise nur im Zusammenhang mit Gewaltkriminalität von Kindern und Jugendlichen eine Rolle. Ebenso klar: Auf dem Land gibt es weit weniger gewalttätige Übergriffe als in der Stadt.

2.3 | Jugend auf Abwegen

Interview mit Prof. Dr. med. Gerd Lehmkuhl, Chefarzt der Klinik und Poliklinik für Kinder-Jugendpsychiatrie und Psychotherapie, Medizinische Fakultät der Universität Köln.

Herr Prof. Lehmkuhl, Sie haben als Kinder- und Jugendpsychiater seit Jahrzehnten mit gewalttätigen Jugendlichen zu tun. Anders als oft behauptet hat sich die Zahl der gewalttätigen Übergriffe durch Jugendliche über die Jahre nicht verändert. Offensichtlich werden die Überfälle aber immer brutaler. Woran liegt das?
Das können wir nur vermuten. Fakt ist, Jugendliche kommen heutzutage vor allem durch die Medien mit Gewalt in Berührung: Fernsehen, Internet, brutale Rollenspiele am Computer. Auf Dauer verändert das ihre Wahrnehmung; Normen und innere Grenzen verschieben sich. Verstehen Sie mich nicht falsch, die Medien sind nicht die Ursache der Gewalt, sie führen aber dazu, dass Jugendliche Gewalt irgendwann als normal empfinden. Auf Dauer stumpfen sie ab und in der konkreten Situation reagieren sie dann extrem aggressiv und sind oft nicht mehr zu bremsen.

Warum wirken gewalttätige Computerspiele auf einige Jugendliche wie ein Sog, während andere schnell die Lust daran verlieren?
Unglücklicherweise werden gerade die Kinder und Jugendlichen in ihren Bann gezogen, die häufig bereits Außenseiter der Gesellschaft sind. Also zum Beispiel Kinder aus zerbrochenen Familien, die zu Hause keinen Ansprechpartner haben. Oder es trifft Jugendliche aus Cliquen, die keine eigene Perspektive haben. Gewalt gilt hier als etwas Cooles, das schnell verherrlicht wird.

Wie kommt es, dass vielen Jugendlichen eine Perspektive fehlt? Wieso haben so viele so wenig Bock?
Viele Jugendliche fragen sich: Warum soll ich mich überhaupt anstrengen, wenn ich auch so klarkomme? Oft wohnen sie noch zu Hause, dort sind sie versorgt. Und sie sehen ihre Eltern: Die sitzen auch vor dem Fernseher statt im Büro und kommen trotzdem finanziell ganz gut über die Runden.

Das erinnert an die Null-Bock-Generation der Neunzigerjahre.
Vordergründig ja, die Hintergründe sind aber andere. Man fällt nicht durchs Netz, das merken die Jugendlichen von heute. Was sie auch machen, von irgendwoher gibt's immer Geld. Wozu sich also die Hände schmutzig machen?

Was hat diese Einstellung mit den brutalen Überfällen zu tun?
Es ist fatal, dass viele Jugendliche derartig unmotiviert sind. Viel schlimmer ist aber, dass sie das Gefühl haben, nicht gebraucht zu werden. Der Staat, die Eltern, niemand hat Verwendung für sie. Das resigniert und frustriert sie. Nicht selten betäuben sie das Gefühl mit Alkohol und Drogen. Bis sie ihrem Frust dann in einer gewalttätigen Situation Luft verschaffen, ist es nur noch ein kleiner Schritt.

Wenig Bildung, armes Elternhaus, Drogen, fehlende Zukunftsperspektiven – in welchem Alter beginnt dieser Teufelskreis?
Häufig sehr früh, oft schon im Kindergarten. Die Kinder schlagen und treten, sind aggressiv gegen andere Kinder. Hier sollten die Erzieher und Lehrer schnell eingreifen und die Kinder beispielsweise zu einem Antigewaltprojekt schicken. Wir werden in diesen jun-

gen Jahren maßgeblich geprägt. Wer also bereits im Kindergarten lernt mit Gewalt durchzukommen, wird das später beibehalten. Je eher das Gefühl von Macht einsetzt, desto schwerer ist es, das wieder rauszubekommen.

Sind gewalttätige Jugendliche psychisch krank oder lediglich soziale Außenseiter?
Das hängt davon ab, wie man Krankheit definiert. Die Jugendlichen zeigen auf jeden Fall krankhafte Züge: Sie zeigen Suchtverhalten bei Alkohol und Drogen, haben oft soziale Bindungsprobleme, sind depressiv oder entwickeln Ängste. Jeder zweite unserer Patienten hat als Kind traumatische Erfahrungen gemacht, durch Gewalt oder Missbrauch.

Bedingt das eine das andere?
Wir wissen tatsächlich, dass bei einigen Krankheiten gewalttätiges Verhalten wahrscheinlicher ist als bei anderen. Beispiel ADS bei Kindern: Betroffene mit dem Aufmerksamkeitsdefizit-Syndrom sind oft schlecht integriert, depressiv und sozial auffällig. Hier verwischen die Grenzen zwischen Übersprunghandlung und aggressivem Verhalten, nicht selten mündet das in Gewalt.

Wie kann man den Jugendlichen helfen, wie muss man ihnen begegnen?
Brutale Gewalt darf nicht ohne Folgen bleiben, das ist klar. Doch Strafen allein helfen nicht. Wir brauchen therapeutische Angebote – je nachdem was die Ursache für die Gewaltausbrüche ist.

Was heißt das konkret?
Neurowissenschaftler unterscheiden heute zwischen der heißen und kalten Aggression. Das Verhalten von Tätern mit einer heißen Aggression ist immer reaktiv, impulsiv und mit Frust, Ärger oder Furcht verbunden. Sie handeln eher im Affekt. Täter mit kalter Aggression schlagen hingegen kaltblütig zu, planen ihr Vorgehen bis ins Detail und empfinden dabei Freude, Ekel oder Verachtung. Moralische Werte sind ihnen völlig abhandengekommen. Tätern mit einer heißen Aggression können wir besser helfen. Denn sie haben einen Leidensdruck, ein Schuldgefühl, sind emotional also noch erreichbar.

Wie muss ein Urteil ausfallen, damit es Jugendliche zum Umdenken anregt?
Ein Urteil muss abschrecken; nur eine massive Strafe setzt auch ein Signal. Dennoch erreichen wir damit nicht die Täter von morgen. Heiße Aggressionen entstehen aus der Situation heraus, getriggert durch eine Menge frustrierender Kindheitserfahrungen. Wenn die betroffenen Täter dann erst einmal angestachelt sind, wird ein noch so hartes Urteil sie nicht davon abhalten zuzuschlagen.

Was ist also zu tun?
Wir brauchen Eltern, die ihren Kindern Grenzen setzen. Wir brauchen Lehrer und Erzieher, die von Anfang an aufmerksam sind und früh mit auffälligen Kindern nach neuen Wegen suchen. Wir brauchen ein funktionierendes Frühwarnsystem, das dafür sorgt, dass es gar nicht erst zu solchen Ausbrüchen kommt. Und wenn doch, müssen wir genug Kapazitäten haben, die Jugendlichen früh und mit den richtigen Methoden zu behandeln.

Was ist »happy slapping«?

Inszeniertes Draufschlagen

Angefangen hat alles 2004 in Großbritannien – mit ein paar harmlosen Ohrfeigen, die jemand aus Jux ablichtete. Schnell wurden aus peinlichen Handybildern Filmchen, die von roher Gewalt zeugen. Erschreckender Höhepunkt: Ein Jugendlicher soll gefilmt haben, wie sein Freund einen schlafenden Obdachlosen angezündet und dabei fast umgebracht hat.[8]

Fast alle Jugendlichen nennen heutzutage ein Handy ihr Eigen.[9] Längst haben sich die kleinen Lieblinge zum Multifunktionsgerät mit MP-3-Player, GPS-Navigation, Kamera und Handy-TV entwickelt. Beliebt ist vor allem die Kamerafunktion. Der Jugendstudie JIM 2009 zufolge filmt jedes zweite Mädchen und jeder dritte Junge regelmäßig mit seinem Handy.

Diese Entwicklung hat auch ihre Kehrseite. Ergebnis: das sogenannte »happy slapping«. Kinder filmen via Handy Gewalttaten, Abziehe und Mobbing und schicken die Filme an ihre Freunde. Jeder dritte Jugendliche hat schon einmal mitbekommen, dass Mitschüler eine Prügelei per Handykamera aufgezeichnet haben. Verbreitet ist das Problem vor allem unter Hauptschülern.

> Oft ist das »fröhliche Draufschlagen« einziger Grund für einen Überfall. Über die Clique erreichen die bloßstellenden Videos später im Internet ein weltweites Publikum. Die jugendlichen Filmemacher erhoffen sich von den Minividos Anerkennung von Gleichgesinnten. Wer dabei allerdings erwischt wird, hat mit einer Strafanzeige wegen Körperverletzung zu rechnen. Was viele nicht wissen: Nutzer der Videos können wegen unterlassener Hilfeleistung belangt werden. Dass sie ihren Opfern durch die öffentliche Demütigung lebenslange psychische Probleme bereiten können, ist den Beteiligten meist völlig egal.

2.4 | Auch das ist Deutschland

Sich ändern heißt Hilfe zu akzeptieren

Der 22-jährige junge Mann mit der schwarzen Kappe, dem scheuen Blick und dem Dreitagebart galt früher als hoffnungsloser Fall. Seit er zwölf ist, treibt sich Erftal auf der Straße rum; mit 14 Jahren saß er zum ersten Mal im Knast. Schlägereien und Dealen, das war sein Geschäft. Mal bekam er Bewährung – und dealte weiter. Mal wurde er verurteilt – und saß seine Strafe ab. Sechsmal war der junge Mann im Jugendarrest. Dann saß er wieder ein, doch der Türke aus München bekam eine letzte Chance: Nach einer Woche entließ man ihn mit der Auflage, ein Jahr an dem Projekt Work and Box teilzunehmen. In diesem Jahr holte Erftal seinen Hauptschulabschluss nach, begann eine Ausbildung zum Bodenleger – und nahm sein Leben in die Hand.

Erftal ist der Hauptprotagonist des Dokumentarfilms »Friedensschlag. Das Jahr der Entscheidung«. Der Regisseur Gerardo José Milsztein begleitete ihn und vier weitere Jugendliche der Work and Box Company bei ihrem Leben zwischen Herumhängen und Orientierungssuche. Eltern, Freunde und Betreuer kommen in dem Film ebenfalls zu Wort. Der Dokumentarfilm war auf der Berlinale zu sehen und kam im April 2009 in die Kinos.

»Wir trafen uns im Stadtpark. Mal zehn, mal zwanzig Jugendliche, wer gerade da war, wer Bock hatte auf rappen, trinken, kiffen, chillen. Oft gab es nachts Ärger; wir zogen rum, schlugen und prügelten uns. Meist gab es keinen Grund. Wir fühlten uns einfach nur provoziert oder es ging um ein Mädchen.

Als ich anfing, mit Gras zu dealen, habe ich viel Geld verdient und ausgegeben. Ich ging damals auf eine Hauptschule, aber ich war selten da. Das erste Mal im Knast war nicht weiter schlimm, es dauerte nur zwei Wochen. Außerdem traf ich Bekannte von draußen. Es war ein Heimspiel, ein bisschen wie in der Jugendherberge.

Wann ich das erste Mal nachgedacht habe, ob es schlimm ist, was ich mache? Als ich sah, wie meine Mutter geweint hat. Aber es ist schwer, aus diesem Leben rauszukommen. Es ist ein System, in dem du hängst, egal ob im Knast oder draußen. Alles, was du bist, hat mit diesem Leben zu tun. Anerkennung bekommst du nur von deinen Freunden. Du bist nicht stark genug, etwas zu ändern. Du kannst nicht einfach abhauen und ein anderes Leben beginnen.

Wenn ich an die Zeit denke, erinnere ich mich, dass ich eine riesige Wut in mir hatte. Ich war total aggressiv, bin manchmal fast ausgeflippt. Mehrmals hab ich mir die Hände gebrochen, weil ich gegen die Wände geschlagen habe. Bei Work and Box hab ich dann gecheckt, dass ich nur auf mich selbst wütend war.

In dem Jahr ist einiges bei mir passiert. Aber es hat gedauert, bis ich das annehmen konnte. Erst bin ich da gar nicht hingegangen, habe nicht verstanden, was das soll mit dem Boxen. Ich hasse Boxen, denn mein Vater war ein Boxer. Und wenn er mich geschlagen hat, dann war das mehr als eine Watschen. Aber die Leute von Work and Box kamen zu mir. Jeden Morgen sind sie mehr als 80 Kilometer gefahren, um mich von zu Hause abzuholen. Wenn ich sie am Fenster sah, habe ich meine Schuhe versteckt und meine Schwester vorgeschickt. Aber sie kamen immer wieder. Nach drei Monaten hab ich gemerkt: Die wollen wirklich was von mir, die lassen mich nicht einfach los. Irgendwann hab ich ihnen dann vertraut und gewusst, dass man mir helfen will.

Aber dann ging es ja erst los. Oft sind wir auch in Taufkirchen einfach abgehauen, wenn es uns zu stressig wurde mit Reden, Boxen und dem Scheiß. Sind einfach aus der Runde aufgestanden und kiffen gegangen. Nach zwei Stunden waren wir wieder da. Aber mein Betreuer hat mich unterstützt, egal, wie lang ich brauchte. Als ich zum Beispiel bei dem Betrieb anrufen wollte, um nach dem Ausbildungsplatz zu fragen. Das hat ewig gedauert. Ich konnte einfach nicht. Erst stand ich minutenlang an der Tür. Dann hab ich den Hörer aufgenommen. Wieder hingelegt. Wieder aufgenommen. Wieder hingelegt. Irgendwann hab ich die Nummer gewählt und gefragt, was mit der Lehrstelle ist. Ich bekam einen Termin, um mich vorzustellen. Geschafft.

Ich kann mich noch genau an das Gefühl erinnern, das ich danach hatte: Ich hab es geschafft. Ich bin nicht abgehauen, ich hab es durchgezogen. Das war ein neues Gefühl für mich.

Heute weiß ich: Sich ändern heißt, Hilfe anzunehmen, sich selber verzeihen. Erst wenn du das schaffst, kannst du loslegen.

Im Boxring war es ziemlich schnell klar, was du für einen Charakter hast, da kannst du dich nicht verstellen. Im Ring kannst du auch nicht abhauen, du musst zu dir stehen. Wenn du das kapiert hast, kannst du auch draußen bestehen.

Im Moment jobbe ich und bewerbe mich für eine neue Lehre bei der Deutschen Bahn in Berlin. Und will dann auf die Suche nach einem Stipendium für Schauspielerei gehen. Denn seit ich bei dem Film Friedensschlag mitgemacht habe, hab ich eine Idee, für die ich jetzt lebe: Ich würde gern Schauspieler werden. Vielleicht schaffe ich es ja.«

3 Hilflose Helfer

»Recht, von dem man keinen Gebrauch macht, stirbt ab; Freiheit, von der man keinen Gebrauch macht, welkt dahin. Widerstand muss darin bestehen, von seiner Freiheit Gebrauch zu machen. Einmischung ist die einzige Möglichkeit, realistisch zu sein.«

Heinrich Böll

3.1 | Vom Wegschauen und Weitergehen

In den frühen Morgenstunden des 13. März 1964 parkt Kitty Genovese ihr Auto in der Nähe ihres Wohnhauses. Plötzlich bemerkt sie, dass sie verfolgt wird. Der Mann kommt näher. Auf einmal sticht er mehrfach auf die junge Frau ein. Ihre Schreie locken die Nachbarn ans Fenster. Doch keiner öffnet, draußen ist es kalt. Kittys Hilferufe bleiben ungehört. Winston Moseley, der Angreifer, hat dennoch Angst entdeckt zu werden. Er lässt von seinem Opfer ab und fährt weg.

Wenig später kehrt er an den Tatort zurück und folgt der Blutspur von Kitty. Trotz der zahlreichen Stichverletzungen hat sie sich bis zur Rückseite ihres Wohnhauses geschleppt. Sie hat viel Blut verloren und ist kaum mehr bei Bewusstsein. Moseley findet sie dort – außerhalb der Sicht- und Hörweite der Nachbarn – und fällt erneut über sie her. Er vergewaltigt Kitty, raubt sie aus und tötet sie. Der ganze Vorfall dauert nicht länger als eine halbe Stunde.

Als die Polizei die Tat rekonstruiert, stellt sich heraus, dass mindestens 38 Menschen die Tat in irgendeiner Form mitbekommen haben. Niemand hat alles gesehen. Dennoch: Entspricht die Rekonstruktion des Falles der Wahrheit – es gab ja keine Zeugen –, machten sich nur zwei Leute bemerkbar. Ein Nachbar rief um Ruhe. Ein anderer meldet sich kurz nach dem zweiten Angriff bei der Polizei. Möglicherweise gab es schon vorher Anrufe; die Polizei hatte ihnen aber keine Beachtung geschenkt.

Die meisten Zeugen verhielten sich still. Waren sie unsicher, woher die Geräusche stammten? War es ein Streit zwischen einem Pärchen, oder waren es Kneipenbesucher, die sich auf dem Nachhauseweg laut unterhielten? Keiner schien an ein Verbrechen zu denken – ein Irrtum, der für die junge Frau tödlich endete.

Der Fall Kitty Genovese war sicherlich nicht der erste Fall seiner Art – und auch nicht der letzte: In Bremen wird ein neunjähriges Mädchen auf der Grünfläche zwischen zwei Wohnhäusern von einem Drogensüchtigen missbraucht. Ihre Spielkameraden bitten Erwachsene um Hilfe – keiner greift ein. Ein 32-jähriger Sozialarbeiter wird in der Berliner U-Bahn zusammengeschlagen – keiner hilft. Die Liste ließe sich endlos fortsetzen. Fast täglich hören oder lesen wir, dass Menschen Opfer von Überfällen oder Pöbeleien werden. Und andere gaffen, schauen weg, laufen weiter und tun so, als ob nichts wäre.

Er erinnert sich, wie er dem Jungen ins Gesicht sah, und über die Kälte und den Hohn in seinem Blick erschrocken war. »Von da an wusste ich, dass hier gleich etwas Schlimmes passieren wird«, sagt er.[10]

Hilflose Helfer

Menschen sterben, weil niemand den Krankenwagen ruft. Kinder werden misshandelt, weil Passanten oder Nachbarn sich taub stellen. Verbrecher entkommen, weil keiner die Polizei alarmiert. Viele Menschen hierzulande reagieren Gewalt- und Unfallopfern gegenüber gleichgültig – das beunruhigt. Sind wir heute so mit uns selbst beschäftigt, dass wir zunehmend egoistisch und verantwortungslos werden?

Untersuchungen zeigen, dass vor allem die jüngere Bevölkerung immer weniger bereit ist, sich in die Lage anderer hineinzuversetzen und ihnen zu helfen.[11] Insbesondere Großstädter leben anonym, soziale Kontrolle ist unerwünscht. Nicht selten empfinden sie Hilfsangebote als einen Eingriff in ihre Privatsphäre. Der Grat zwischen Nachbarschaftshilfe und unerwünschter Einmischung ist schmal. Für viele ist er zu schmal – und wird deshalb nicht begangen.

Warum kam Kitty Genovese niemand zu Hilfe? Wie kann es sein, dass Menschen tagsüber auf offener Straße oder auf einem belebten Wochenmarkt Gewalt erleben, ohne dass Passanten dazwischengehen? Was hindert Menschen daran, zu helfen? Und welche privaten und rechtlichen Folgen hat das für sie?

Er hat sich später gefragt, wie lange so ein Zug normalerweise hält, (...). Er würde denken, dass es etwa dreißig Sekunden sind. Dann hätte er dreißig Sekunden gehabt zu entscheiden, ob er aussteigt und eingreift. Im Nachhinein ist ihm, als habe der Zug in Solln sogar einen Moment länger gewartet als üblich. Dann wären es dreißig Sekunden gewesen und ein Moment.[10]

Glaubt man Kurt Singer, würden »viele Bürgerinnen und Bürger sich (...) gerne einmischen, statt wegzuschauen. Aber sie befürchten, ihr Protest könne ihnen schaden. Aus Autoritätsangst heraus schweigen sie oder passen sich an.« Es fällt uns also offenbar leichter, mit der Masse zu schwimmen, als uns gegen Autoritäten oder Gewohntes aufzulehnen. Der Mensch ist ein Herdentier. Sich so zu verhalten wie die anderen, gibt ihm das Gefühl von Sicherheit, Stärke und Zugehörigkeit. So reiht der Einzelne sich ein in die tatenlose Masse der Zuschauer. Wenn all die anderen nicht reagieren, kann es nicht falsch sein, dass ich mich nicht rühre! Wer hingegen hilft, sticht heraus, weil er sich in den Mittelpunkt stellt – auch auf die Gefahr hin, dass die anderen sein Handeln weder verstehen noch ihm zustimmen.

Das Phänomen der Masse haben Wissenschaftler in diversen Experimenten nachgewiesen: So neigen Menschen dazu, einer falschen Antwort wider besseren Wissens zuzustimmen oder sie zu äußern, wenn sie wissen, dass die Mehrheit diese Antwort gibt. Forschungen aus den Niederlanden zeigen, dass Menschen dazu neigen, bedingungslos blind zu gehorchen – ganz gleich wie alt sie sind, aus welchen sozialen Verhältnissen sie stammen, was sie gelernt haben oder wie ihr Charakter ist. Niemand ist also vor blindem Gehorsam gefeit.

Er hatte gesehen, dass noch andere Menschen um den Mann auf dem Bahnhof waren. Er konnte ja nicht wissen, dass es sich dabei um die Kinder handelte, die der Mann vor den Jugendlichen schützen wollte.[10]

Bedingungsloser Gehorsam kann so weit gehen, dass Menschen andere verletzen oder sogar ihren Tod in Kauf nehmen, wenn eine Autorität oder Respektsperson sie dazu auffordert. Das wohl bekannteste Experiment dazu führte der amerikanische Psychologe Stanley Milgram durch. Er veranlasste 40 Versuchspersonen, einem eingeweihten Teilnehmer Stromschläge vermeintlich steigender Intensität zu verabreichen, falls dieser eine falsche Antwort auf vorgegebene Fragen gäbe. In Wirklichkeit bekam die Versuchsperson keine elektrischen Schläge. Ein Tonband gab die Reaktion der nicht sichtbaren, zu strafenden Person auf die Elektroschocks wieder: Bei 150 Volt bat das Opfer darum, das Experiment abzubrechen. Bei 180 Volt schrie es, den Schmerz nicht mehr aushalten zu können. Wurden die Stromstöße noch stärker, hämmerte das Opfer an die Wand und flehte um einen Abbruch. Schließlich verstummte es ganz. 26 Probanden erhöhten die Intensität bei diesem Experiment bis zur maximalen, tödlichen Spannung von 450 Volt; nur 14 brachen den Versuch vorher ab. Die Versuchspersonen folgten dabei den autoritären Anweisungen des Versuchsleiters, obwohl diese im direkten Widerspruch zu ihrem Gewissen standen.

> ***Er hat sich in den nächsten Tagen und in den Nächten, in denen er oft aufwachte, gefragt, warum er nicht ausgestiegen war, und er fand Gründe dafür.***[10]

Hürden beim Helfen überwinden

Menschen, die helfen wollen, stellen unbewusst zunächst einen sogenannten Kosten-Nutzen-Vergleich für ihre Handlung auf. Sie überlegen also, was es ihnen persönlich bringen könnte, einzugreifen: die Anerkennung anderer, das Gefühl, etwas Gutes zu tun, die Vermeidung eines schlechten Gewissens. Diese Fakten werden abgewogen gegen die Kosten, also die Nachteile, die ihnen aus der Hilfe erwachsen könnten: verschmutzte Kleidung, Zeitverlust, eine mögliche Blamage, weil man etwas falsch macht, persönliche Unannehmlichkeiten. Je niedriger die Kosten sind, mit denen der Helfende rechnen muss, desto wahrscheinlicher hilft er. Diese Überlegungen laufen in der Ausnahmesituation unter immensem psychischen Stress ab.

Es gibt verschiedene Effekte, die unser Hilfeverhalten regulieren. Dazu gehören die persönliche Situation und das Umfeld, in der sich die Notsituation abspielt. Wer diese kennt und sie sich bewusst macht, kann sie aktiv durchbrechen und so Hilfsbereitschaft lernen. Nehmen Sie sich die Zeit und überlegen Sie, ob und wie Sie anderen im Ernstfall helfen würden. Schon morgen kann es Ihnen selbst passieren, dass Sie zum Opfer werden und Hilfe benötigen.

Er wäre vielleicht ausgestiegen, wenn ihn jemand gefragt hätte. Aber es hat ihn niemand gefragt.[10]

Wenn die Psyche uns einen Streich spielt

Aus dem schockierenden Überfall auf Kitty Genovese entstand der Begriff des Genovese-Syndroms oder des Non-Helping-Bystander-Effektes. Beide beschreiben das Phänomen, dass Menschen seltener helfen, wenn sie sich in einer Gruppe befinden – wahrscheinlich, weil sich die Verantwortung auf mehreren Schultern verteilt. Verschiedene zusätzliche psychologische Effekte verstärken wiederum den Non-Helping-Bystander-Effekt.

Verantwortungsdiffusion

Bricht jemand ohnmächtig in der belebten Fußgängerzone zusammen, eilen die Passanten vorbei und fragen sich, warum soll denn gerade ich eingreifen? Es wird sich schon jemand anderes kümmern. Steht ein Autofahrer auf einer vielbefahrenen Hauptstraße vor der dampfenden Kühlerhaube seines Wagens, sausen viele andere vorbei. Es wird schon gleich jemand von denen hinter mir anhalten. Man selbst fühlt sich nicht mehr verantwortlich – es tritt eine sogenannte Verantwortungsdiffusion ein. Je mehr Menschen in der Situation anzutreffen sind, desto geringer ist die eigene Bereitschaft zu helfen. Am wahrscheinlichsten helfen Menschen, wenn sie zu zweit sind, vor allem dann, wenn sie sich kennen.

Expertentipp:

Rollenexperimente haben gezeigt, dass ein einziger aktiver Teilnehmer ausreicht, um andere zum Mithelfen zu bewegen. Helfen steckt also an! Wenn Sie sich dazu entscheiden zu handeln, dann werden es Ihnen andere Menschen nachtun: Nämlich diejenigen, die mit dem Vorgehen oder der Situation ebenfalls nicht einverstanden sind, sich aber bisher nicht getraut haben. Durchbrechen Sie die Anonymität, indem Sie einzelne Personen ganz konkret ansprechen und Ihnen einen Auftrag geben: »Sie in dem roten Pullover, rufen Sie bitte die Polizei!« Dreht sich der Erste weg, fordern Sie einfach den Nächsten auf.

Pluralistische Ignoranz

In der S-Bahn pöbelt ein betrunkener Mann lautstark und rückt seiner Sitznachbarin immer näher. Niemand in dem Abteil reagiert. Traurige Wahrheit: Bleiben andere Personen in einer Gefahrensituation ruhig und gleichgültig, werden auch Sie dazu neigen, nichts zu tun und die Situation zu verharmlosen. Notsituationen sind meist nicht eindeutig, denn nicht immer rufen Opfer um Hilfe. So fallen wir auf einen Mechanismus herein, den die Psychologie »pluralistische Ignoranz« nennt. In Situationen, die wir nicht eindeutig interpretieren können, orientieren wir uns an der Meinung und dem Verhalten anderer. Wir schauen uns um, was die anderen tun, und da alle beobachten, greift niemand ein. So glauben wir, das sei das Richtige und Angemessene für die Situation. Passives Verhalten wird hier zum Vorbild.

Expertentipp:
Lassen Sie sich vom Verhalten der anderen nicht irritieren. Verschaffen Sie sich selbst ein Bild von der Lage. Wer ist Angreifer und wer Opfer? Ist in dieser konkreten Situation Ihre Hilfe gefragt? Wie ist das Kräfteverhältnis: Mann gegen Frau, mehrere gegen einen? Könnte es sich um Gewalttäter handeln (alkoholisiert, Neonazis, Waffen im Spiel)? Ist die Situation klar, können Sie entscheiden, wie Sie helfen, ohne sich selbst in Gefahr zu bringen.

Bewertungsangst und Lampenfieber

Einige potenzielle Helfer hält die Angst ab, andere könnten ihnen zuschauen und ihr Verhalten bewerten. Sie könnten sich blamieren, weil sie »falsch« oder nicht ausreichend helfen konnten. Dadurch entwickeln sie Lampenfieber: Es ist ihnen unangenehm, vor Publikum zu handeln und im Fokus des Interesses zu stehen. Die sogenannte Bewertungsangst potenziert sich noch, weil eine Unglückssituation nicht kontrollierbar ist und sich der Ausgang nicht vorhersagen lässt. Vor allem schüchterne Menschen sind anfällig für Lampenfieber und Bewertungsangst.

Expertentipp:
Mithilfe von Entspannungsmethoden können Sie Ihre eigene Aufregung besser kontrollieren. Probieren Sie zum Beispiel Autogenes Training, Progressive Muskelrelaxation nach Jacobson, Yoga, Tai-Chi und Qigong. Trainieren Sie diese Methoden, um im Akutfall darauf zugreifen zu können. Auch Rollenspiele eignen sich zur Vorbereitung. Im Spiel ist es möglich, neue Verhaltensweisen zu erproben und sich intensiv mit der bevorstehenden Situation auseinanderzusetzen. Im entscheidenden Augenblick wird es Ihnen leichter fallen zu reagieren.

Die drei genannten Barrieren der Hilfeleistung – Verantwortungsdiffusion, pluralistische Ignoranz und Bewertungsangst – haben ihre Ursache darin, dass sich die Situation im öffentlichen Raum abspielt. Es gibt aber auch Hindernisse, die in der Persönlichkeit des Zuschauers einer Notsituation begründet sind.

Persönliche Barrieren

Neben psychologischen Effekten in der Gruppe spielt die Persönlichkeit des Einzelnen eine Rolle, ob er ein Nichthelfer ist – und bleibt. Verschiedene biographische Faktoren prägen unseren Charakter: Bin ich in einem liebevollen Elternhaus aufgewachsen? War der Umgang miteinander respektvoll und tolerant? Wurden Empathie, Fürsorge, Herzenswärme und Achtung voreinander vermittelt? Darüber hinaus spielen persönliche Erfahrungen eine Rolle: Wurde mir schon einmal in einer brenzligen Situation geholfen oder nicht? Habe ich es in der Vergangenheit versäumt, zu helfen und plagen mich deshalb noch heute Gewissensbisse?

Folgende persönliche Faktoren hindern uns daran, zu helfen:
- Stimmungslage und Selbstbezogenheit,
- Unwille sich einzumischen,
- ungenügende Empathie,
- fehlende soziale Normen,
- ungenügende Kompetenz.

Die eigene Stimmung

Hatten Sie gerade Streit mit Ihrer Freundin und fühlen sich miserabel? Beschäftigt Sie die schwere Krankheit Ihrer Mutter, die Sie vorhin im Krankenhaus besucht haben? Hat Ihr Sohn schon wieder eine Sechs in Mathe nach Hause gebracht? Wer selbst Probleme hat und in Gedanken versunken ist, dem wird eine Notsituation durch das Eintauchen in die eigene Gedankenwelt seltener auffallen. Vielleicht stehen Sie auch unter Zeitdruck und hetzen zum nächsten Termin? Auch dann hat das Opfer es schwer, Ihre Aufmerksamkeit zu bekommen.

Expertentipp:

Es ist mitunter schwer, den eigenen Tunnelblick bewusst aufzugeben und Herz und Ohr für die Lage anderer offen zu halten. Schließlich gibt es ja einen Grund dafür. Dennoch lohnt sich die Anstrengung: Vielleicht denken Sie daran, dass auch Sie oder Ihre Familie die Nächsten sein könnten, die Hilfe brauchen. Nicht zuletzt tun Sie sich selbst etwas Gutes: Es wird Ihnen ein positives Gefühl geben, wenn Sie in einer Notlage eingreifen und einem anderen Menschen helfen. Außerdem rückt das Leid des Opfers die eigenen Sorgen zumindest kurzzeitig in den Hintergrund oder lässt sie in einem anderen, realistischeren Licht erscheinen.

»Dominik und mein Sohn wären noch am Leben, wenn noch mehr Leute da wären. Das müssen wir lernen. Die Gesellschaft muss das lernen, dass wir (Anm.: die Helfer) die Mehrheit sein sollten. Zivilcourage darf nicht aussterben.«[12]

Unwille sich einzumischen

Nicht selten hindert uns auch eine innere Stimme, die sagt: »Misch dich lieber nicht ein«, oder: »Weshalb solltest ausgerechnet du den Kopf hinhalten?«, daran, zivilcouragiert zu handeln. Grund dafür sind Erfahrungen, die Sie gemacht haben oder die Ihnen erzählt wurden. Sich einzumischen bringt häufig Ärger und Unannehmlichkeiten mit sich. Dieser Impuls ist übrigens besonders stark, wenn wir für unser Engagement in die Privatsphäre anderer vordringen müssen: Die Mutter schlägt ihr Kind im Supermarkt. Eine Frau wird ihrem Partner gegenüber handgreiflich. Häusliche Gewalt und Kindesmisshandlungen werden deshalb besonders selten angezeigt. Außerdem neigen wir dazu, unser eigenes Handeln zu entwerten. »Ich kann doch ohnehin nichts ändern, meine Stimme hat doch kein Gewicht.«

Expertentipp:

»Dies ist ein kleiner Schritt für einen Menschen, aber ein Riesenschritt für die Menschheit«, sagte Neil Armstrong nach seiner Mondlandung 1969. Ein schönes Zitat, das sich auch auf das Thema Zivilcourage übertragen lässt. Viele gesellschaftlichen Gegebenheiten haben sich erst durch das Engagement Einzelner entwickelt: Die Proteste von Bürgerinitiativen verhinderten in den Siebzigerjahren den Bau des Kernkraftwerks Wyhl am Kaiserstuhl. Ein sächsischer Hotelier weigerte sich vor wenigen Jahren, NPD-Funktionäre zu beherbergen. Der Frankfurter Arzt Fritz Kahl behandelte im Dritten Reich trotz Verbotes weiterhin jüdische Patienten. Außerdem versteckten er und seine Frau mehrere Juden und verhalfen ihnen erfolgreich zur Flucht. Helfen nutzt also. Jeder kann in seinem Rahmen jeden Tag Zivilcourage üben. Mischen Sie sich lieber einmal zu oft ein – später könnte es Ihnen leidtun, dass Sie nichts gemacht haben.

Fehlende Empathie

Empathie ist die Fähigkeit, sich in andere Menschen hineinzuversetzen, ihre Gedanken, Gefühle und Bedürfnisse nachzuvollziehen. Eine aktuelle Studie von Psychologen der University of Michigan zeigt, dass das Einfühlungsvermögen zumindest unter amerikanischen Studierenden in den letzten Jahren abgenommen hat. Die Studenten hätten heutzutage 40 Prozent weniger Empathie als ihre Kollegen von vor 20 oder 30 Jahren. Die Wissenschaftler machten Medien sowie neue Technologien für diese Entwicklung verantwortlich. Die heutige Generation wachse mit Computerspielen auf, die gewalttätigen Inhalte stumpften ab. Soziale Treffpunkte im Web 2.0 machten es leicht, Freunde zu gewinnen und sie wieder abzustoßen, wenn sie einem nicht mehr passen.

Expertentipp:

»Empathie hat man oder hat man nicht.« Diese Aussage galt in der Psychologie lange als Gesetz. Heute wissen wir: Empathie lässt sich trainieren. Der erste und wichtigste Schritt: (Selbst-)Reflexion und die Bereitschaft, an sich zu arbeiten. Mischen Sie sich unters Volk, und kommen Sie mit Leuten in Kontakt! Scheren Sie sich nicht darum, wie alt diese sind, welchen Beruf sie ausüben oder welchen sozialen Background sie haben. Suchen Sie nicht nach Unterschieden, sondern nach Gemeinsamkeiten. Was für Eigenschaften teilen Sie vor allem mit Menschen, die Sie auf den ersten Blick nicht sonderlich mögen? Nehmen Sie die Perspektive Ihres Gegenübers ein. Wenn Sie selbst Kinder haben, versetzen Sie sich in die Lage Ihrer kinderlosen Nachbarin. Wählen Sie traditionell grün, befassen Sie sich mit der Position des konservativen Politikers. Das steigert Ihr empathisches Vermögen. Übrigens: Je älter wir werden, desto größer unsere Empathie. Denn mit jedem Jahr steigt der Erfahrungsschatz, auf den wir zurückgreifen können. Machen Sie den Test: In Kapitel 10 können Sie herausfinden, wie empathisch Sie sind (vgl. S. 221 ff.).

Überschrittene Normen

Soziale Normen beschreiben Regeln für das Miteinander in einer bestimmten Gruppe, einer Sippe, einer Gesellschaft. Beispiele für Normen sind: Man hilft, weil einem selbst geholfen wurde. Oder: Der Stärkere hilft dem Schwächeren. Es gibt persönliche, soziale, Glaubens- und Gemeinschaftsnormen – sie alle beeinflussen unser Handeln. Juden und die wichtigsten christlichen Konfessionen orientieren sich beispielsweise an den Zehn Geboten. Sie appellieren vor allem daran, die Mitmenschen zu achten und zu respektieren. Auch die Pfadfinder haben Normvorgaben: »A Scout's duty is to be useful and to help others.«[13] Normen zeigen uns die gesellschaftlichen Grenzen auf, in denen wir uns bewegen können.

Expertentipp:
Insbesondere Jugendliche missachten Normen, Gesetze und Regelungen häufiger. Normalerweise ist das ein vorübergehender Zustand. Denn im Lauf der Zeit entwickeln auch sie ein Pflichtgefühl und akzeptieren die Notwendigkeit von Regeln. Dieser Lernprozess ist dann besonders erfolgreich, wenn diese Normen von Menschen vorgelebt werden, die für den Jugendlichen ein (moralisches) Vorbild sind. Das können Eltern, Lehrer oder auch prominente Personen sein, die diese Normen selbstbewusst für sich interpretieren und nach ihnen leben.

Da waren auch andere Menschen auf dem Bahnsteig, fünf oder mehr, doch die meisten hatten sich abgewandt, einige drehten sich im Weggehen um. Das konnte er durch das Fenster sehen, als er in der Bahn an ihnen vorbeifuhr.[10]

Ungenügende Kompetenz

Ob jemand eingreift hängt auch davon ab, wie kompetent der Helfer ist: Beherrschen Sie Selbstverteidigungstechniken? Kennen Sie sich mit Erster Hilfe aus? Haben Sie einen Zivilcourage-Kurs absolviert? Sind Sie schlagfertig? Verständlicherweise eilen vor allem Menschen zu Hilfe, die durch ihren Beruf entsprechend ausgebildet sind: Krankenschwestern, Erzieherinnen oder Polizisten. Mitunter kann das dazu führen, dass weniger Vorgebildete sich zurückhalten. Denn wenn ich ahne, dass ein anderer kompetenter ist als ich, lasse ich ihm den Vortritt. Schließlich will ich mich ja nicht vor dem Profi blamieren oder etwas falsch machen.

Expertentipp:
Wer sich unsicher ist, ob er im Ernstfall das Richtige tun wird, kann seine körperliche Fitness trainieren, in Zivilcourage-Kursen sicheres Verhalten erlernen oder sein Wissen bei einem Erste-Hilfe-Kurs auffrischen. Normalerweise können Helfer sehr realistisch einschätzen, wie hilfreich ihre Unterstützung ist. Was Sie auf jeden Fall tun können, egal, wie viel Kenntnis oder Selbstvertrauen Sie in Ihre Fähigkeiten haben: Einen Notruf absetzen, das heißt die 110 wählen und Hilfe anfordern.

Wenn die Situation das Eingreifen verhindert

Neben den Persönlichkeitsmerkmalen des Zuschauers oder Bystanders und den psychologischen Effekten der Öffentlichkeit beeinflusst die Situation selbst das Helferverhalten ganz wesentlich. Verschiedene Faktoren wirken dabei in einem komplexen Zusammenspiel:

- Fehlende Eindeutigkeit der Situation (Ist es wirklich eine Notlage?),
- Opfer nicht sichtbar (Ist das Opfer klar auszumachen?),
- Zeit und Ort (Wann und wo spielt sich die Situation ab?),
- Merkmale des Opfer (Stößt mich etwas an ihm ab?),
- eigene Gefahr (Wie groß ist mein Risiko?),
- Zuständigkeitsdenken (Braucht man mich überhaupt?).

Ist die Lage eindeutig – oder nicht? Geht hier ein Vater lediglich vertraut mit seiner Tochter um? Oder agiert ein potenzieller Kinderschänder? Bleibt es beim Streit zwischen Mann und Frau, oder wird einer der beiden gleich handgreiflich? Kabbeln sich zwei Jugendliche im Spaß oder droht ein Gewaltexzess? Je unsicherer Sie sind, um welche Situation es sich handelt, desto unwahrscheinlicher ist es, dass Sie eingreifen. Als Opfer können Sie die Situation klarstellen, indem Sie eindeutige Signale geben: um Hilfe rufen, Blickkontakt halten oder Hilfeappelle direkt an einen der Umstehenden adressieren. Dadurch erschweren Sie die Weitergabe der Verantwortung von einem auf den anderen Zuschauer und erleichtern dem Helfer seine Entscheidung.

Polizei, Notarzt, Feuerwehr – für jede Situation gibt es genug Fachleute, die perfekt ausgebildet sind und die sich im Notfall kümmern sollen. Warum muss also ich noch ran? Nicht selten beruhigt der Nichthelfer sein Gewissen, indem er sich auf diese Position zurückzieht. Und dennoch: Stehen Gerätschaften wie Rettungsringe, Leitern oder Verbandskästen zur Verfügung, können sie das Engagement auch von Nichtprofis bahnen und auffordernd wirken. Notrufsäulen und Telefonzellen erinnern an die Möglichkeit, Hilfe zu rufen.

Ich habe doch gesehen, dass etwas passieren würde, sagt er. Warum habe ich dann nicht vertraut auf das, was ich sehe?[10]

Viele Über- oder Zwischenfälle passieren im Dunkeln, laufen zu schnell ab oder ereignen sich in der Ferne. Der Beobachter ist sich daher oft unsicher, ob er das Opfer wirklich gesehen hat, oder ob er die Situation dramatisiert. Er weiß nicht, ob die Geräusche, die er hört, Hilfeschreie oder Tierrufe aus dem benachbarten Wald sind. Je unsicherer der potenzielle Helfer ist, ob tatsächlich etwas passiert ist, desto unwahrscheinlicher ist es, dass er eingreift. Die größte Chance, dass ihm geholfen wird, hat ein Opfer, wenn der Bystander das Opfer sieht und es als solches erkennt. Die größte Wahrscheinlichkeit zu helfen besteht also, wenn der Zuschauer auf mehreren Sinneskanälen über Informationen zur Situation verfügt.

Auch Zeit und Ort bestimmen darüber, ob ich helfe. Ist es einsam, dunkel oder dämmerig, könnte die Situation auch für mich als Helfer gefährlich werden. Kenne ich mich hingegen in der Umgebung aus, ist die Hilfsbereitschaft größer als in der Fremde. Weil ich jeden Baum und Strauch kenne, gibt es weniger Außenreize, die vom Geschehen ablenken. Ungewöhnliches fällt mir deshalb eher ins Auge. Außerdem ist entscheidend, wie nahe ich dem Opfer bin. Kommt es zum Beispiel auf dem Fahrradweg zu einem Zusammenstoß, helfe ich als Fußgänger, sofern ich in direkter Nähe bin. Fahre ich an derselben Unfallstelle mit dem Auto vorbei, ist es unwahrscheinlicher, dass ich anhalte und aussteige.

Wie im normalen Alltag entscheidet auch die Erscheinung eines Opfers darüber, ob ich mich als Helfer auf es einlasse oder nicht. So bin ich eher gewillt, einer gut aussehenden Person beizustehen als einer hässlichen oder verwahrlosten. Menschen der gleichen ethnischen Zugehörigkeit helfen sich eher, genauso wie Frauen eher Frauen helfen. Hier spielen offenbar sogenannte Ähnlichkeitseffekte eine Rolle. Aber auch Männer eilen eher Frauen zu Hilfe. Der Grund dafür? Wahrscheinlich das traditionelle Rollenverhalten, nach dem Frauen als schutzbedürftiger gelten. Wenig Chance auf Unterstützung hat derjenige, der sich selbst helfen kann. Wer sich also nach einer Autopanne selbst am Auto zu schaffen macht, hat geringere Chancen, dass andere Autofahrer anhalten, als wenn er hilflos neben dem Auto steht. Auch Menschen, die wie zum Beispiel Betrunkene vermeintlich selbst schuld an ihrer Notlage sind, können seltener auf

Hilfe hoffen als Menschen, die scheinbar unverschuldet in eine Notsituation geraten. Mehr oder weniger auf sich selbst gestellt sind zudem Pärchen. Hier ist die Hürde für den Zuschauer besonders groß sich einzumischen, denn »das ist deren Sache«.

Je größer die Gefahr für mich als potenzieller Helfer ist, desto seltener leiste ich Hilfe: Ist der Täter noch da oder ist er schon weggelaufen? Ist es ein einzelner Angreifer oder eine Gang? Angreifer wissen übrigens um diese Gedankengänge. Sie planen mitunter sogar ein, dass bei einer (brutalen) Tat niemand dazwischengehen wird. Ein Phänomen, das schon länger bekannt ist. Auch der Mörder von Kitty Genovese rechnete damit, dass er sich seinem Opfer ungestört widmen konnte. Bei seiner Vernehmung gab er an, dass er von Beginn an davon ausgegangen sei, dass

Modell der Hilfeleistung nach Latané & Darley (1976)[14]

sich mögliche Beobachter nicht weiter um den Vorfall kümmern würden.

Zur Beruhigung aller kann gesagt werden, dass Fälle wie die von Dominik Brunner, Emeka Okoronkwo oder Fabian Salar, die ihre Hilfsbereitschaft mit dem Leben bezahlt haben, selten sind. Weitaus häufiger wirken Helfer in einer Situation deeskalierend und können Schlimmeres verhindern. So sind bisher 33 Personen in den letzten sieben Jahren mit dem »XY-Preis – Gemeinsam gegen das Verbrechen« des ZDF ausgezeichnet worden. Die guten Taten vieler anderer blieben von den Medien und der Öffentlichkeit unbeachtet.

3.2 | Tatort Unfallstelle

Nicht nur bei Straftaten auch bei Unfällen helfen Menschen zu selten. Der Autoclub ADAC und der SWR zeigten das vor einigen Jahren in einem Versuch: Sie fingierten einen Unfall mit zwei Schwerverletzten und beobachteten das Verhalten von Autofahrern, Radlern und Fußgängern. Vier von fünf Personen bewegten sich tatenlos an der Unfallstelle vorbei. Doch nicht nur auf der Straße herrscht Gleichgültigkeit. In Wittmund ertrinkt ein Mann bei einem Hafenfest – nur wenige Meter entfernt von einer Familie im Tretboot und unter den Augen tausender Besucher am Ufer. Im Frühjahr 2009 erleidet ein achtjähriges Mädchen im Schwimmbad das gleiche Schicksal. Zum Zeitpunkt des Unglücks waren an die zehn Erwachsene im Becken. Hätte das Mädchen gerettet werden können, wenn ein Bademeister seinen Job besser gemacht hätte? Oder wenn die anderen Badegäste aufmerksamer gewesen wären?

Wie wichtig die Hilfe der anderen ist, zeigt eine Studie der Universität Leipzig: Das Überleben von Unfallopfern hängt maßgeblich davon ab, ob zufällige Zuschauer aktiv werden. Hierzulande stirbt jeder zehnte Unfalltote, weil ihm niemand rechtzeitig geholfen hat. Wenn Zuschauer und Nichthelfer nach den Gründen gefragt werden, nennen sie vier Ursachen immer wieder:

Ich fühle mich der Situation psychisch nicht gewachsen

Einige Menschen haben große Angst, leidenden oder sterbenden Menschen zu begegnen. Können sie den Kontakt verhindern, werden sie das tun. Das Verhalten stellt eine Art Selbstschutz dar. Die Angst lässt sich jedoch abbauen, zum Beispiel in einem Erste-Hilfe-Kurs. Hilfreich sind auch Rollenspiele oder die Konfrontation mit realen Situationen, beispielsweise durch Filme oder nachgestellt mit Puppen. Auch Erlebnisberichte von Ersthelfern eignen sich, mit der eigenen Scheu besser klarzukommen. Einen speziellen Trauma-Therapeuten können Sie hinzuziehen, wenn das Erlebte so stark nachwirkt, dass Sie es allein nicht bewältigen können. Die Profis setzen sich konkret mit Ihrer Situation auseinander und unterstützen Sie dabei, das Erlebte zu verarbeiten.

Ich weiß nicht, was ich tun soll

Jeder kann helfen, auch ohne Erste-Hilfe-Kurs: Die Unfallstelle sichern, Leichtverletzte betreuen, den Notruf absetzen. Auch beruhigende Worte sind wirksam: Sie lindern bei Verletzten und Helfern die Angst und das Entsetzen um das Geschehen. Besonders ist Ihre Hilfe gefragt, wenn nur ein Ersthelfer vor Ort ist. Denn in den ersten Minuten nach dem Unfall müssen möglichst rasch mehrere Dinge parallel geschehen, beispielsweise mit wiederbelebenden Maßnahmen begonnen und professionelle Hilfe geholt werden. Hier ist jede helfende Hand gefragt.

Ich habe Angst etwas falsch zu machen

Durch meine Hilfe schade ich mehr, als dass ich nutze. Diese Furcht ist weitverbreitet – und dennoch unbegründet. Im Gegenteil: Weit mehr Menschen sterben, weil ihnen keiner geholfen hat, als dass Menschen durch falsche Rettungsmaßnahmen zu Schaden kommen. Beispiel Herzkreislaufversagen: Je länger das Gehirn und der restliche Organismus ohne Sauerstoff sind, desto häufiger treten Komplikationen und dauerhafte Schäden auf. Hier ist es wichtig, so rasch wie möglich mit lebensrettenden Maßnahmen zu beginnen.

Der Laienhelfer haftet übrigens nicht, wenn ihm beim Helfen ein Fehler unterläuft. Er muss sich allerdings bemühen, im Rahmen seiner Möglichkeiten zu helfen. Ebenso wenig muss er mit negativen Konsequenzen rechnen, wenn er durch seine korrekte Hilfe das Opfer schädigt, ihm beispielsweise bei der Herzdruckmassage eine Rippe bricht. Nicht ungeschoren kommen hingegen Gaffer und Nichthelfer davon: Das Gesetz kann sie wegen unterlassener Hilfeleistung zu einer Freiheitsstrafe bis zu einem Jahr oder zu einer Geldstrafe verurteilen.

Was ist unterlassene Hilfeleistung?

Viele Gaffer und Nichthelfer wissen nicht, dass sie für ihr Nichtstun bestraft werden können. Das deutsche Strafgesetzbuch sieht für eine Person, »die nicht Hilfe leistet, obwohl dies erforderlich und ihr den Umständen nach zuzumuten ist«, eine Freiheitsstrafe bis zu einem Jahr oder eine Geldstrafe vor.

Folgende Voraussetzungen müssen gegeben sein, damit ein Richter Anklage wegen unterlassener Hilfeleistung erhebt:
- Es lag eine Notsituation vor, es gab also einen Unglücksfall, oder es bestanden Not und Gefahr.
- Der Zuschauer hat die Hilfe verweigert, obwohl er aus körperlichen Gründen dazu in der Lage gewesen wäre.
- Hilfe wäre dringend notwendig gewesen, weil sich das Opfer selbst nicht helfen konnte und kein anderer Helfer vor Ort war.
- Die Hilfeleistung war dem Zuschauer zuzumuten, da er sich dadurch nicht selbst in Gefahr gebracht hätte. (Von einem Nichtschwimmer würde man beispielsweise nicht verlangen, einen Ertrinkenden aus tiefen Gewässern zu retten. Ist das Wasser jedoch nur kniehoch, muss er eingreifen.)

Der Paragraf 323c des Strafgesetzbuches, der die Bestrafung bei unterlassener Hilfeleistung regelt, ist ein wichtiger Pfeiler unserer demokratischen Gesellschaft. Er stellt klar, dass es bestimmte Regeln für das gemeinsame Miteinander gibt, die alle einhalten müssen. Dennoch ist der Paragraf relativ bedeutungslos. Denn die meisten Nichthelfer können im Nachhinein nicht mehr ermittelt werden. Und selbst wenn das gelingt, ergeben sich oft Beweisschwierigkeiten, beispielsweise dass ihnen die Hilfe zuzumuten gewesen ist. Wenn ein Nichtschwimmer aussagt, er wusste nicht, dass das Wasser an der Stelle, wo das Kind ertrunken ist, nur einen Meter tief war, wird ihm das keiner nachweisen können. Häufig sind zudem Zeugenaussagen rar: Das Opfer ist darauf konzentriert, mit der persönlichen Situation klarzukommen. Potenzielle Zeugen, die handeln, sind aufs Helfen fokussiert. Für eine Aussage verbleiben nur Zuschauer, die ebenfalls nicht geholfen haben – und sich selbst bezichtigen müssten. In den letzten 20 Jahren schwankte die Anzahl der Anklagen jährlich zwischen 100 und 200; nur jeder zweite bis dritte Angeklagte wurde tatsächlich verurteilt. Übrigens: Ob durch die ausbleibende Hilfe tatsächlich jemand zu Schaden kommt, ist für die Staatsanwaltschaft gleichgültig. Entscheidend ist, dass der Beobachter seine Hilfe in der erforderlichen Situation verweigert hat.

Für mich entstehen finanzielle und materielle Nachteile

Stimmt nicht. Hat der Helfer durch sein Engagement materielle Schäden, übernimmt diese die Haftpflichtversicherung des Opfers oder das gesetzliche Unfallentschädigungsgesetz. Auch das Opferentschädigungsgesetz wird bei bestimmten Schäden wirksam. Dazu zählen verschmutzte Kleidung, die eingeschlagene Autoscheibe, um schnell an den Verbandskasten zu kommen, sowie gesundheitliche Probleme.

So helfen Sie bei Verkehrsunfällen richtig

Ihre Erste-Hilfe-Ausbildung liegt schon lange zurück? Wenn Sie sich unsicher fühlen, sollten Sie bei nächster Gelegenheit die wichtigsten Regeln auffrischen. Entsprechende Kurse bieten ADAC, Johanniter, Malteser, DRK, DLRG oder der ASB an. Hier haben wir für Sie die wichtigsten Regeln für das Verhalten am Unfallort zusammengefasst:

Unfallort sichern:

- Parken Sie Ihr eigenes Fahrzeug 30 Meter vor der Unfallstelle am rechten Straßenrand. Schalten Sie die Warnblinkanlage ein.
- Stellen Sie ein Warndreieck auf: auf normalen Straßen in 100 Meter Entfernung, auf der Autobahn in 200 Meter Entfernung vor dem Unfallort.
- An schlecht einsehbaren Stellen (Kurven, Anstiegen, Senken) und auf großen Straßen, auf denen hohe Geschwin-

digkeiten erlaubt sind, sollten Sie mehrere Warndreiecke hintereinander positionieren.

Verletzte in Sicherheit bringen:
- Leichtverletzte, die unter Schock stehen, sollten in die Obhut anderer Helfer gegeben werden. Häufig sind sie verwirrt und rennen in diesem Zustand auf die Fahrbahn oder zum Unfallort, weil sie unbedingt helfen möchten.
- Schwerverletzte sollten nicht bewegt werden. Bei Verletzungen an der Wirbelsäule könnte das eine Querschnittslähmung zur Folge haben. Sperren Sie die Unfallstelle großzügig ab – notfalls auch die Gegenfahrbahn.

Lebensrettende Sofortmaßnahmen:
- ABC-Regel beachten (Atemwege frei machen – Beatmung – Kardiokompression = Herzdruckmassage).
- Stabile Seitenlage nur anwenden wenn nötig.
- Gegebenenfalls Herzdruckmassage und Mund-zu-Mund-Beatmung durchführen.

Notruf absetzen und vollständige Notrufmeldung durchgeben:
Beachten Sie dabei die sieben Ws: Wo? Was? Wann? Wie viele? Welche? Wer? Warten! (vgl. dazu »Korrekter Notruf: Die sieben Ws«, S. 181–184)

3.3 | »Jeder kann sich entscheiden«

Interview mit Dror Zahavi, israelischer Filmemacher und Regisseur des Fernsehfilms »Zivilcourage«, der im Januar 2010 erstmals im deutschen Fernsehen ausgestrahlt wurde.

Zivilcourage beweist in Dror Zahavis Film Peter Jordan (Götz George), der in Berlin Kreuzberg ein Antiquariat betreibt. Jordan beobachtet, wie ein Jugendlicher aus einem nichtigen Anlass heraus einen Obdachlosen brutal zusammenschlägt. Er zeigt den Jungen an. Doch das ist erst der Anfang seines Kampfes gegen Gewalt und fehlenden Mut.

Die Dreharbeiten zu Ihrem Film »Zivilcourage« waren bereits abgeschlossen, als Dominik Brunner in München von zwei Jugendlichen zusammengeschlagen wurde und kurz darauf starb. Hat der Vorfall Ihren Film dennoch beeinflusst?
Nein, das Projekt war so gut wie durch. Nur auf den Titel hat das Ereignis einen Einfluss gehabt. Schließlich tauchte das Wort Zivilcourage nach dem tragischen Tod Brunners in vielen Debatten auf. Da sich unser Film um genau dieses Thema dreht, war es naheliegend, ihn auch so zu nennen.

Wie haben Sie das Ereignis in München aufgenommen?
Es hat mich sehr berührt. Ich habe mir versucht, vorzustellen, wie ich reagiert hätte. Heute sind die Umstände der Situation klarer, und man weiß, dass auch Brunner Fehler gemacht hat. Dennoch: Es bleibt für mich unverständlich, dass ein Mensch sterben musste, nur weil er helfen wollte.

Ist fehlende Zivilcourage vor allem ein deutsches Thema?
Nein, Zivilcourage ist überall auf der Welt ein Thema – unabhängig von Nationalitäten oder Mentalitäten. Zivilcourage ist vielmehr eine Typ-Frage. Wir Menschen tragen bestimmte Werte in uns. Diese Werte werden durch Erziehung, Familie, Freundschaften und natürlich auch die nationale Zugehörigkeit geformt. Sie beeinflussen dann uns und unser Handeln.

Wer hat Ihr Wertesystem geprägt?
Viele Menschen haben mein Denken und Handeln beeinflusst. Am wichtigsten war sicherlich meine Mutter. Als starke emanzipierte Frau und Lehrerin hat sie humanistische Werte vertreten, die es ihr im israelischen Schulsystem nicht immer leicht gemacht haben. Aber sie hat gekämpft – für das Leben und die Menschen. Meine Mutter bringt jedem Einzelnen eine besondere Wertschätzung entgegen, das hat mich immer fasziniert.

Inwieweit spielt Zivilcourage in Ihrem Leben eine Rolle?
Ich versuche, meinen Idealen treu zu bleiben. Ich habe noch zu DDR-Zeiten an der Filmhochschule Potsdam-Babelsberg studiert. Mein Diplomfilm wurde damals abgelehnt. Er war systemkritisch und passte den Verantwortlichen nicht. 2007 habe ich dann einen Film über einen Selbstmordattentäter in Israel gemacht, für den der Zuschauer im Verlauf des Films sogar Sympathie entwickelt. Das kam in meiner Heimat Israel einem Tabubruch gleich. Auch als Soldat der israelischen Armee habe ich so gehandelt, wie ich es für richtig hielt: Ich habe mich geweigert, in den besetzten Gebieten mit einer Waffe zu dienen und saß dafür längere Zeit im Gefängnis.

Haben Sie auch in Deutschland Situationen erlebt, in denen Zivilcourage gefordert war?
Nein, bislang nicht. Aber ich habe gelegentlich Angst gehabt. Zum Beispiel an einem See in Brandenburg. Plötzlich kam eine Gruppe Neonazis. Sie saßen zwar nur in meiner Nähe, haben gesoffen, Lieder gehört und rumgegrölt. Aber die Atmosphäre war bedrückend, und ich hatte Angst. Diese Angst zu spüren war für mich ähnlich demütigend und beleidigend, wie tatsächlich einen Schlag ins Gesicht zu bekommen.

Zivilcourage lohnt sich, erzählt Ihr Film. Was war Ihnen noch wichtig zu vermitteln?
Ich wollte zeigen, dass der Mensch eine Wahl hat. Ganz gleich ob er arm oder reich ist, Abitur oder keinen Schulabschluss hat, Frau oder Mann ist: Jeder kann sich entscheiden – für den einen Weg oder für den anderen. Auch in Kreuzberg oder Neukölln, wo der Film spielt, hat man die Wahl – für das Leben oder für das Ghetto.

Heißt Zivilcourage auch, die richtigen Entscheidungen zu treffen?
Zivilcourage bedeutet für mich, den Mut zu haben, aufzustehen. Auszusprechen, dass man mit einem Verhalten oder einer Situation nicht einverstanden ist – ganz gleich, ob es um private oder politische Missstände geht. Und Zivilcourage zu zeigen heißt auch, Schwächeren zu helfen, wenn diese sich nicht selbst wehren können.

Was hat Sie zu diesem Film motiviert?
Ich lebe seit 1992 in Deutschland, kenne das Land aber schon viel länger – und trotzdem bin ich bis heute Ausländer. Die Thematik des Films ist mir daher vertraut, ich habe dazu viel zu sagen.

Wie haben Sie sich vorbereitet?
Ich bin viel in Kreuzberg und Neukölln unterwegs gewesen, habe mit den Leuten geredet, am Tag und in der Nacht. Wenn ein Film authentisch sein soll, muss man die Atmosphäre verinnerlichen, in der er spielt.

Im Film besorgt sich Jordan eine Waffe, um gegen die jugendlichen Gewalttäter gerüstet zu sein. Kritiker haben das als Aufruf zur Gewalt empfunden.
Die Waffe trägt ja letztlich gar nicht zur Lösung des Konflikts bei. Der entscheidet sich doch schon, als die Freundin des Täters, Jessica, das Video ins Netz stellt, das den brutalen Überfall auf Jordan zeigt. Ich glaube nicht, dass sich nach dem Film alle Kreuzberger bewaffnet haben. Im Gegenteil: Einige mögen darüber nachgedacht und festgestellt haben, dass eine Waffe eben keine Lösung ist.

Sie erwecken in Ihrem Film auch Verständnis für die, die nichts tun. Jordans Alt-68er-Freunde applaudieren zunächst, als Jordan den Jungen anzeigt. Als sie selbst bedroht werden, wenden sie sich von ihm ab.
Theorie und Praxis sind zwei verschiedene Dinge. Die drei 68er, die sich in ihrem Leben sicherlich für viele Dinge eingesetzt haben, die sich menschlich und politisch korrekt geben, treten den Rückzug an, als es plötzlich ernst wird. Man will ihnen an den Kragen, da brechen sie ein. Das ist doch das Problem mit der Zivilcourage: Es gibt immer mehr oder weniger gute Gründe, nichts zu tun oder wegzuschauen.

Jordan ist da anders.
Ja, Jordan ist überzeugt und bereit, für seine Prinzipien Opfer zu bringen. Er riskiert dafür sogar den Bruch mit seiner Tochter. Aber er handelt so, weil er gar nicht anders kann. Dass er zur Waffe greift, zeigt nur, in welch großer Bedrängnis er ist. Eigentlich kann er das nicht mit seinem Gewissen vereinbaren. Aber genau so ist es eben mit der Zivilcourage: Sie fordert Opfer und kann wehtun.

3.4 | Protokoll des Nichthelfens

Zivilcourage erfordert Mut. Zuzugeben, dass man nicht eingegriffen hat, auch. Der Brigitte-*Autor Till Räther schreibt über eine Nacht in der U-Bahn, die ihn bis heute nicht loslässt.*

»Vor einigen Jahren habe ich zugeschaut, wie drei Jugendliche einen vierten krankenhausreif schlugen. Das fasst es ganz gut zusammen, obwohl kaum ein Wort stimmt. Vor einigen Jahren? Es muss 1996 oder 97 gewesen sein, lange her also, aber mir scheint es gegenwärtiger als anderes, was ich seitdem erlebt habe. Zugeschaut? Tatsächlich gab ich mir Mühe, woanders hinzugucken. Jugendliche? Ich weiß nicht, ob sie 15 oder 25 waren, sie trugen Kapuzenpullis, hatten kurze Haare und waren besoffen, und je mehr sie zuschlugen, desto altersloser wurden sie. Krankenhausreif? ›Halb tot‹ wäre übertrieben. Ich jedenfalls hätte in dem Zustand ein Krankenhaus aufgesucht.

Es war an einem Wochentag in einer sehr späten U-Bahn, zwischen eins und halb zwei. Der Wagen war höchstens halb voll, die übliche Berliner Mischung aus müden Arbeitnehmern nach der

Spätschicht, langsam ausbrennendem Partyvolk und ein paar vereinzelten Studenten, die aus einem Spätfilm kamen. Wer konnte, saß allein.

Die vier Jugendlichen standen an der Tür, ich war schon beim Einsteigen einen Umweg gegangen, um nicht an ihnen vorbeizumüssen: Großstadt-Instinkt. Ich setzte mich so, dass ich sie im Blick hatte, denn ich wollte sie nicht im Rücken haben. Selbst aus dem Augenwinkel war die Konstellation leicht zu durchschauen: Drei von ihnen wollten mit dem Vierten nichts zu tun haben, sie kannten einander zwar, gaben ihm aber klar zu verstehen, dass seine weitere Teilnahme an der Abendgestaltung unerwünscht war: Verpiss dich, du stinkst, mach den Kopp zu. Der Vierte konnte sich kaum auf den Beinen halten, er drehte sich um die Mittelstange wie ein Kind und krakeelte: Er wolle noch feiern, wer hat was zu rauchen, gibt's bei Jasmin noch was zu ficken usw.

Im ganzen erschöpften Wagen war er der Störfaktor, in solchen Momenten entsteht ein kollektives Bewusstsein, ein gemeinsamer Wunsch: Kann der Typ nicht endlich mal die Fresse halten. Vielleicht flog ihm beim Drehen und Brüllen was aus dem Mund, denn jetzt warfen die anderen drei ihm vor, er habe sie angespuckt. Während er noch um die Stange rotierte, fingen sie an, ihn ihrerseits anzuspucken, das unterhielt sie eine Weile, bis er schwankend innehielt und einen von ihnen gegen die Tür schubste.

Und dann ging es los. Erst schubsten sie ihn, dann traten sie ihn, und ich weiß noch, dass ich dachte: Das war ja klar! Zugleich war ich fasziniert und entsetzt, wie wenig ihre Tritte mit denen zu tun hatten, die ich vom Schulhof kannte: viel lauter, **viel gezielter**, viel schneller. Er ging zu Boden und verschwand aus meinem Gesichtsfeld, und als er wieder hochkam, schlugen sie ihn mit Fäusten, bis ihm Blut übers Gesicht lief.

Ein- oder zweimal gab es eine kurze Pause, als müssten alle Kraft schöpfen, danach ging es weiter, und bei der nächsten Station stießen sie ihn auf den Bahnsteig. Am Anfang dachte ich: Hoffentlich hört es gleich wieder auf. ›Es‹, wie bei einem Gewitter. Ich hielt den Kopf gesenkt und schaute vorsichtig, was die anderen Leute im Wagen machten. Sie hielten den Kopf gesenkt und schauten vorsichtig. Als ›es‹ nicht aufhörte, dachte ich: Man könnte die Notbremse ziehen (Notrufknöpfe gab es noch nicht, Handys hatten die wenigsten). Aber dann kommen wir alle noch später nach Hause, das wäre auch irgendwie Mist. Dann dachte ich: Scheiß Besoffene. So als wären die vier eine homogene Gruppe und nicht drei Schläger und ein Geschlagener. Der Gedanke, an den ich mich am deutlichsten erinnere, als der Vierte zu bluten anfing: Jetzt ist es eh zu spät. Der Gewaltausbruch dauerte nicht länger als die Fahrt zwischen zwei dicht beieinanderliegenden Stationen der U7, vielleicht 90 Sekunden. Genug Zeit, um einzugreifen – kurz genug, um nichts zu tun.

Zu keiner Sekunde hatte ich Angst vor den Schlägern. Ich hatte Angst, Teil einer Szene zu werden, die ich als peinliches Spektakel empfand. Ich war ein weiterer Großstadt-Idiot, unfähig, seine Schutzzone von Unsichtbarkeit und Anonymität zu verlassen.

Meine Station war die, bei der sie ihn auf den Bahnsteig stießen. Ich ging durch die andere Tür. Aus etwa zehn Meter Entfernung sah ich, wie er kurz in die Knie ging und sich dann wieder aufraffte. Ein Pärchen auf dem Bahnsteig wich erst zurück und half ihm dann auf eine Bank. Ich ging in die andere Richtung. Vielleicht muss man einmal weggesehen haben, um beim nächsten Mal einzugreifen. Vielleicht muss man einmal feige gewesen sein, um beim nächsten Mal Mut zu haben. Nicht unbedingt aus Zivilcourage. Eher aus Selbstschutz: Um sich nie wieder so zu fühlen wie ich, als ich in jener Nacht nach Hause kam.«

4 Das Naturell des Helfers

*»Wir haben die Maßstäbe in uns,
nur suchen wir sie zu wenig.«*
Sophie Scholl

4.1 | Emphatisch und furchtlos

Ingo und Oksana Schröder sind in Eile. Sie wollen im Waschsalon noch schnell eine Winterdecke reinigen, die zu Hause nicht in die Maschine passt. Im Waschsalon bemerken sie ein kleines Mädchen auf der Fensterbank: Zitternd, durchnässt, bekleidet mit einem schmutzigen Blümchenkleid, das viel zu dünn ist für diesen kühlen Oktobertag. Die nackten Ärmchen tragen blaue, rote und violette Spuren, Zeichen frischer und älterer Blutergüsse. Vierzehn Menschen waschen ihre Wäsche im Salon. Immer wieder blicken sie verstohlen auf das kleine Mädchen, ihre Mutter und deren Freund. Keiner wagt, etwas zu sagen. Obwohl sich der Mann freundlich gibt, hatte die Situation etwas Bedrohliches, wird Ingo Schröder später sagen.

Momente wie diesen hat Gott sein Dank noch nicht jeder von uns erlebt. Dennoch kennen wir alle Augenblicke, in denen wir andere Menschen leiden sehen – und ihnen dennoch nicht helfen. Manchmal, weil die Zeit drängt. Manchmal aber auch, weil die Umstände uns bedrohlich erscheinen und uns verängstigen. Momente, in denen wir uns fragen, wo unsere Verantwortung beginnt und die Privatsphäre des anderen endet. Situationen also, in denen unser Eingreifen, unser zivilcouragiertes Handeln gefragt wäre.

Viele Menschen assoziieren Zivilcourage vor allem mit Heldentaten: das Eingreifen Dominik Brunners in München-Solln, das Hitlerattentat durch Claus Schenk Graf von Stauffenberg oder die Sitzblockade des Bundestagspräsidenten Wolfgang Thierse. Doch vergessen wir nicht: Zivilcourage beginnt schon im Kleinen. »Als hörbarer Protest gegen eine fremdenfeindliche Parole, als Solidarität mit einer ins Abseits gedrängten Kollegin, als wachsames Einschreiten, wenn ein Kind geschlagen wird, auch diese Momente erfordern Zivilcourage«, sagt Veronika Brandstätter-Morawietz, die in Zürich den Lehrstuhl für Motivationspsychologie leitet. Die Zürcher Wissenschaftler haben drei prototypische Situationen definiert, die Zivilcourage erfordern: Parole, Pöbelei und Prügelei.

Parole: Über eine nicht anwesende Person wird abfällig gesprochen.
Pöbelei: Eine Person wird verbal angegriffen.
Prügelei: Eine Person wird tätlich angegriffen.

Im Waschsalon in Wiesbaden hat eine ganze Gruppe von Menschen zugesehen, wie ein Mädchen litt: Sie fror, war schmutzig, wies Spuren körperlicher Gewalt auf – und bedurfte ganz offensichtlich der Hilfe anderer. Vierzehn Menschen haben geschaut, zwei haben reagiert: In einem günstigen Moment riefen die Schröders per Handy die Polizei.

Drei Eigenschaften des Helfers

Warum reagierten nur die Schröders? Was war mit den vierzehn anderen Anwesenden? Wie konnten sie tatenlos den Blick abwenden oder so tun, als hätten sie das Elend des kleinen Mädchens nicht bemerkt? Was unterscheidet Menschen wie die Schröders, die reagierten und die Polizei riefen? Veronika Brandstätter-Morawietz und ihre Kollegen haben die Eigenschaften von Helfern in verschiedenen Studien untersucht. Sie stellten fest, dass sich Helfer vor allem durch drei Persönlichkeitsmerkmale auszeichnen. Meist greifen die Charaktereigenschaften ineinander:

- Empörung, wenn soziale Regeln nicht eingehalten werden,
- Empathie,
- Selbstvertrauen und Selbstbewusstsein.

Menschen wie die Schröders empfinden soziale Verantwortung. Sie achten darauf, dass sie und ihr Umfeld sich an die Grundregeln des menschlichen Umgangs halten. Und das auch in ganz alltäglichen Situationen: Der Zivilcouragierte reagiert auf rassistische Bemerkungen in der Geburtstagsrunde, er reagiert, wenn er einen gewaltsamen Streit in der Nachbarwohnung bemerkt oder sein Chef über die abwesende Kollegin lästert. Im Großen geht es »um demokratisch-humane Grundwerte, es geht um Toleranz und Solidarität«, so erklärt Brandstätter-Morawietz in einem Interview mit der Zeitschrift Brigitte. Soziale Verantwortung findet sich bei nahezu allen zivilcouragierten Menschen: Sowohl bei jenen, die Juden im Nationalsozialismus geholfen haben, als auch bei denen, die bei Verkehrsunfällen rettend eingreifen, lassen sich bei dieser Eigenschaft besonders hohe Werte auffinden.

Dabei spielt auch die Selbstkonsistenz eine Rolle. Sie beschreibt das Phänomen, dass Menschen bestrebt sind, ihre inneren Einstellungen, Meinungen und Werthaltungen mit den äußeren Umständen zu harmonisieren. Geraten sie also in eine Situation, die ihren persönlichen Werten und Überzeugungen widerspricht, müssen sie sich einmischen. Dem Helfenden geht es also nicht unbedingt in erster Linie um das Opfer, sondern um sein persönliches Empfinden, wenn etwas Unrechtes geschieht. So verfolgte die 74-jährige Ruth Schlemm einen Mann, der eine andere Frau überfallen und zu Boden geschlagen hatte. Schon mehrfach habe es in ihrem Leben Situationen gegeben, in denen Schlemm anderen beistand: »Lieber würde ich sterben, als nicht zu helfen«, sagt sie in einem Interview mit der Süddeutschen Zeitung im September 2009.

Die zweite wichtige Eigenschaft des Helfers ist seine Empathie. Dieser Charakterzug beschreibt die Fähigkeit von Menschen, sich in die Lage anderer Personen zu versetzen. Der Zivilcouragierte empfindet nach, was das Opfer gerade erlebt. Er nimmt also dessen Perspektive ein. Es schmerzt ihn persönlich, wenn der Jüngere bloßgestellt, der Schwache benachteiligt und der Hilflose belästigt wird. Er ergreift Partei für eine andere Person. Empathische Menschen helfen, weil sie eine Situation als unrecht oder ungerecht empfinden oder sie Mitleid mit dem Opfer haben.

Das dritte Persönlichkeitsmerkmal des typischen Helfers heißt Selbstvertrauen: Helfer sind Menschen, die an sich glauben. Sie sind überzeugt, dass sie das, was sie anpacken, erfolgreich beenden. In ihrem Selbstvertrauen liegt die Gewissheit begründet, in einer bestimmten Situation »im Recht« zu sein, ein ihnen oder der anderen Person zustehendes Recht wahrzunehmen, einzufordern oder zu erstreiten.

Gabriele Mester ist mit ihrem Auto unterwegs, als sie auf einem Feldweg ein Motorrad und ein Fahrrad liegen sieht. Plötzlich kommt ein Mann aus dem Gebüsch. Mester hält an und läuft zum Feld, wo sie ein bewusstloses Mädchen findet. Später stellt sich heraus, dass der Mann versucht hatte, die Elfjährige zu vergewaltigen und zu erdrosseln. Der Richter verurteilt den Täter – auch auf Grund Mesters genauer Personenbeschreibung – zu elf Jahren Haft mit anschließender Sicherheitsverwahrung.

Wie wir eingreifen

Wenn Menschen helfen, geschieht das normalerweise spontan; in Bruchteilen von Sekunden entscheiden sie sich, was zu tun oder zu lassen ist. Danach läuft bewusst oder unterbewusst ein vierstufiger Prozess ab. Auf die Entscheidung zu helfen wirken sowohl situationsbezogene als auch persönliche Einflüsse.

Als Erstes stellt der Helfer fest, dass gerade etwas vor sich geht. Er versucht, sich Klarheit über die Vorgänge zu verschaffen und die Lage ein- und abzuschätzen. Dann wägt der Helfende ab: Handelt es sich um einen Notfall, wird meine Hilfe tatsächlich gebraucht? Nun fragt er sich, ob er eine Verantwortung trägt. Davon hängt ab, ob er eingreift oder nicht. Im letzten Schritt entscheidet er über sein Vorgehen. Ist er überhaupt in der Lage zu helfen oder bringt er sich möglicherweise selbst in Gefahr?

Nicht jede Hilfe ist selbstlos

Zivilcourage, selbstloses Handeln oder Geben: Für diese Themen interessierten sich auch einige Philosophen wie Friedrich Nitzsche, Paul Ricœur oder Søren Kierkegaard. Sie fragten sich: Kann Hilfe überhaupt selbstlos sein oder erwarten Helfer und Gebende grundsätzlich eine Gegenleistung? Holen sich Prominente und Reiche auf Wohltätigkeitsveranstaltungen lediglich Anerkennung? Beruhigt der weihnachtliche Scheck für das Kinderhilfswerk das persönliche Gewissen? Geben wir dem Obdachlosen fünf Euro, um uns ein wenig besser zu fühlen?

Warum jemand hilft, kann nur jeder für sich selbst beantworten. So seltsam es klingen mag: Es gibt auch Hilfe aus Kalkül. So greift der eine oder andere Helfer aus reiner Geltungssucht ein. Er wünscht sich Anerkennung, fühlt sich gut, im Mittelpunkt zu stehen, oder spekuliert sogar auf eine Auszeichnung.

In den meisten Fällen aber setzen sich Menschen für andere ein, weil es ihnen eine Herzensangelegenheit ist oder ihre Persönlichkeit ihnen keine andere Wahl lässt. Das Engagement, das einer ideologieerfüllenden Solidarität oder herablassenden Barmherzigkeit entspringt, ist wohl eher selten. Am besten wäre es natürlich, wenn wir alle aus freien Stücken helfen würden. Also ohne dass wir daraus einen Gewinn ziehen. Das Helfen um des Helfens willen, ohne Hintergedanken. Sicherlich helfen die meisten Menschen aus einer positiven Motivation heraus. Für das Opfer ist das Motiv des Helfers jedoch nicht entscheidend. Denn ihm bringt es mehr, wenn jemand aus Eigeninteresse handelt, als sich tatenlos vom Geschehen wegzuschleichen.

Ein Mann auf einem Motorroller rast einen Fußweg entlang. Ein Pärchen kann gerade noch zur Seite springen. Der Mann ruft dem Verkehrssünder hinterher, dass das Fahren auf dem Fußweg nicht erlaubt sei. Daraufhin geht der Fahrer auf die Fußgänger los. Er streckt die Frau mit einem Fausthieb nieder. Danach prügelt und würgt er den Mann. In diesem Moment kommt Petar Link vorbei. Er zieht den Angreifer sofort weg, ruft Notarzt und Polizei. Dem Mann rettet Link damit wahrscheinlich das Leben.

Motive, Chancen und Hindernisse für Zivilcourage

Wissenschaftler unterschiedlicher Fachgebiete interessieren sich aber noch für eine andere Frage: Gibt es biographische Ähnlichkeiten zwischen Menschen, die selbstlos auf andere zugehen? Woher rührt ihre Nächstenliebe?

Erste Hinweise darauf lieferten Interviews, die Forscher mit den sogenannten Judenrettern führten.[15, 16] Diese Leute versteckten Juden während des Zweiten Weltkriegs oder halfen ihnen bei der Flucht. Die meisten Retter hatten damals keine andere Wahl: Sie wurden plötzlich mit einer Notsituation konfrontiert – und handelten spontan. Andere entschieden sich zu helfen, weil das ihren Idealen, Moralvorstellungen und ihrem Gefühl der sozialen Verantwortung entsprach; sie konnten und wollten das Leid der Juden nicht akzeptieren. Wieder andere setzten sich ein, weil sie die Opfer gut kannten oder gar mit ihnen befreundet waren.

Auch Gerd Meyer und Angela Hermann von der Universität Tübingen interessierten sich für das Phänomen Zivilcourage. Der Politologe und die Pädagogin befragten Berufsschüler zu Situationen, in denen diese eingegriffen hatten – oder eben nicht.[17] Die Ergebnisse der verschiedenen wissenschaftlichen Publikationen ähneln sich. Vier Merkmale prägen offenbar die persönliche Entwicklung des Helfers:

- Ein faires Miteinander von Eltern und Kindern sowie der Eltern untereinander,
- eine liebevolle und warmherzige Erziehung,
- eine enge Bezugsperson, die vorbildlich Zivilcourage und Empathie demonstriert,
- Unterstützung durch eine Gruppe.

Zivilcouragiert handeln Menschen vor allem dann, wenn ihr Werte- oder Gerechtigkeitsempfinden verletzt wird. Diese Werte prägt in erster Linie das Elternhaus. So wachsen Menschen mit Zivilcourage meist mit Eltern auf, die in Konflikten nicht autoritär und mit Gewalt reagiert haben, sondern sich mit ihren Kindern vertrauensvoll und fair auseinandergesetzt haben. Menschen, die selbstlos handeln, haben in ihrer Kindheit viel Liebe und Zuwendung erhalten. Dadurch können sie später Mitleid und Empathie empfinden – und danach handeln.

Eine entscheidende Phase für eine positive Entwicklung des Kindes ist das Alter von zwei bis vier Jahren. In dieser Zeit lernen die Kinder mit Geboten und Verboten umzugehen. Viele Kinder rebellieren, testen in dieser Zeit ihre Grenzen aus – und treiben ihre Eltern nicht selten zur Verzweiflung. Doch Anstrengung hin oder her – wie die Eltern auf ihre kleinen Rebellen reagieren, ist wichtig. Verlangen sie ihren Kindern vor allem Gehorsam ab, der den kindlichen Willen bricht, und beharren sie auf der elterlichen Position? Oder machen sich Eltern die Mühe und setzen sich mit ihren Kindern auseinander? Schon diese frühe Kindheitsphase entscheidet darüber, ob ein Mensch später ein gesundes Selbstbewusstsein, Eigenwillen und Zivilcourage besitzt oder ob er auf Autoritäten trotzig regiert oder blinden Gehorsam entwickelt.

Halten Menschen Hilfe für selbstverständlich, kommt das nicht von ungefähr. Nicht selten leben sie in einer Großfamilie, Gemeinde oder mit einem großen Freundeskreis und fühlen sich so unterstützt und anerkannt. Viele beschreiben außerdem mindestens einen Elternteil, einen nahen Verwandten oder einen Lehrer als ihr Vorbild, das sich verlässlich für andere Menschen eingesetzt hat. Wer von anderen Menschen vorgelebt bekommt, wie Zivilcourage funktionieren kann, wird im Ernstfall eher motiviert sein einzugreifen als jemand, dem diese positive Orientierung fehlt.

In den frühen Morgenstunden des 25. April 2006 werden Sonja und Wolfgang Radecker durch verdächtige Laute und menschliche Schreie geweckt. Sie eilen auf den Balkon und sehen den Zeitungsboten Willibald W., der von einer Gruppe junger Leute mit Schlägen traktiert wird. Die Angreifer halten ihn fest und prügeln wie von Sinnen minutenlang auf ihn ein, auch als der 50-Jährige bereits am Boden liegt. Die Radeckers schreien zu den Tätern hinüber, dass sie den Mann in Ruhe lassen und abhauen sollen. Sie alarmieren die Polizei und den Notarzt. Als die Schläger schließlich von dem schon schwer verletzten Opfer ablassen, kümmert sich Wolfgang Radecker um das Opfer. Willibald W. überlebt, leidet aber bis heute massiv unter dem Erlebten.

Pro Mut, contra Angst

Zivilcouragiert zu handeln heißt die eigene Angst zu überwinden – und Mut zu zeigen. Denn oft gehen Situationen, in denen Menschen Hilfe brauchen, auch mit Gefahren und Risiken für die Helfer einher. Nicht selten sind Helfer verbalen und körperlichen Attacken ausgesetzt. Ihr Handeln kann zudem drastische soziale Konsequenzen nach sich ziehen: Der Helfer wird versetzt oder verliert seinen Job, weil er sich gegen den Chef zur Wehr setzt. Er wird angepöbelt, weil er seine Meinung sagt. Freunde wenden sich von ihm ab, weil sie sein geradliniges Verhalten beschämt oder sie die Konsequenzen nicht mittragen möchten.

Irene Durukans Umwelt beispielsweise reagierte auf ihr Eingreifen bei einer Schlägerei mit reichlich Unverständnis. Sie sei dumm gewesen, hieß es aus der Nachbarschaft. Sie sei selbst schuld daran, als es ihr einige Wochen nach der Tat psychisch schlecht ging, ließ der Freundeskreis verlauten. Sie wolle nur im Mittelpunkt stehen, sagten Neider. »Man fällt mit seinem Helfen aus einer Rolle heraus, die von der Gesellschaft vorgegeben ist«, sagt Durukan.

Im Fall der beherzten Rentnerin Ruth Schlemm war der Täter männlich, wesentlich jünger und wegen Körperverletzung bereits mehrfach vorbestraft. Natürlich sei ihr klar gewesen, dass ihr der Täter körperlich überlegen ist. Dennoch hat sie eingegriffen. Denn: Zivilcourage ist auch der Widerstand gegen die eigene Angst, gegen die Bequemlichkeit, gegen das Angepasstsein. Wer sich entschließt zu helfen, tut das normalerweise mit Haut und Haar. Die Erfahrung zeigt immer wieder: Zivilcourage light gibt es nicht.

Kerstin Friedrich ist mit der Straßenbahn auf dem Weg nach Hause. Einige Sitze weiter vorn fallen ihr ein junger Mann und ein kleiner Junge auf. Der Mann versucht immer wieder, sich an das Kind zu drängen. Der Junge blockt die Vertraulichkeiten ab; er siezt den Fremden. Kerstin Friedrich ruft unauffällig die Polizei. Sie steigt gemeinsam mit den beiden aus und folgt den beiden, bis eine Polizeistreife eintrifft. Die Beamten vernehmen den 20-Jährigen. Er hatte sich bis zu diesem Tag nichts zuschulden kommen lassen. Der junge Mann legt kein Geständnis ab, stimmt aber zu, eine Therapie zu machen. Die Polizei ist sich sicher, dass Kerstin Friedrich durch ihre Aufmerksamkeit eine Straftat verhindert hat.

Helfermenschen sind häufig Außenseiter – im positiven Sinne. Sie sind eher unabhängig, machen sich nicht so viel aus der Meinung der anderen. Gleichzeitig interessieren sie sich aber für die Menschen. Und weil sie ihr Selbstvertrauen nicht aus dem Bedürfnis ziehen, alle Ansichten mit dem Gros der Gemeinschaft teilen zu müssen, können sie Mehrheiten widerstehen.

Zusätzlich verfügen viele Helfer über ein sogenanntes inneres Kohärenzgefühl. Der Begriff wurde durch den israelischen Medizinsoziologen Aaron Antonovsky geprägt. Er beschreibt das Ausmaß, in dem ein Mensch das Gefühl des Vertrauens besitzt, dass an ihn gestellte Anforderungen strukturiert und vorhersagbar sind, dass er über Ressourcen verfügt, um den Anforderungen gerecht zu werden und dass diese Anforderungen Herausforderungen sind, die Anstrengung und Engagement lohnen.[18] Helfer mit Kohärenzgefühl lassen sich also weder von der viel strapazierten Entschuldigung: »Es hat doch sowieso keinen Zweck«, abhalten, noch zweifeln sie daran, dass ihre Hilfe tatsächlich etwas bewirken kann. Anders reagiert der typische Nichthelfer: Er glaubt nicht daran, dass sein Tun etwas verändert.

Stimmungen und Situationen beeinflussen das Eingreifen

Doch nicht nur eine entsprechende Erziehung und die individuelle Entwicklung zeichnen den Helfer aus. Es hat sich auch gezeigt, dass eine positive Grundstimmung hilfreiches Verhalten begünstigt. So sind gut gelaunte Kinder eher bereit, ihr Hab und Gut zu teilen, als Kinder in neutraler Stimmung. Interessanterweise kann auch eine negative Stimmung zum Eingreifen führen. Der missgestimmte Eingreifer hilft, damit es ihm selbst besser geht. Durch das Gefühl, etwas Gutes zu tun, hebt er die eigene Stimmung. Schuldgefühle werden abgebaut.

Für die Schröders in dem Wiesbadener Waschsalon war das selbstverständlich. Ingo Schröder stellte sich als Zeuge zur Verfügung und sagte gegen den Lebensgefährten von Vanessas Mutter aus. Die Richter verurteilten den Mann wegen der Misshandlungen an Vanessa zu acht Jahren Haft. Vielleicht hat Ingo Schröder dem Mädchen das Leben gerettet, zumindest aber ein weiteres Martyrium erspart.

Frauen sind die besseren Helfer

Die Kriminalforschung hat festgestellt, dass Frauen häufiger helfend eingreifen als Männer. In Experimenten war es vor allem das weibliche Geschlecht, das bei einer tätlichen Auseinandersetzung dazwischenging oder mit dem Auto an einer Unfallstelle anhielt. Auch die Gruppe der Judenretter, die fremden jüdischen Mitmenschen Unterstützung gewährte, war überwiegend weiblich. Männer sind offenbar seltener für das Leid der anderen empfänglich.

Gründe dafür gibt es viele: Zum einen sind bei den Frauen die Gehirnbereiche stärker ausgeprägt, die für die Kommunikation zuständig sind. Frauen sind sozial kompetenter, emotionaler und so auch empathischer. Nicht umsonst trifft man in erzieherischen und Pflegeberufen vermehrt Frauen. In Umfragen berichten Patienten, dass sie weibliches Personal als zugewandter erleben. Männliches Verhalten hingegen kann durch die höhere Testosteronkonzentration im Blut von größerer Aggressivität und weniger Rücksichtnahme auf andere geprägt sein.

Einen Einfluss hat zweifellos auch die traditionelle Rollenverteilung zwischen den Geschlechtern: Während Mädchen ihre Emotionen zeigen dürfen, werden Jungen darauf trainiert, zu gewinnen und ihre Empfindungen zu unterdrücken. Mädchen dürfen weinen, Jungs sollen sich zusammennehmen. Gefühle und Tränen sind bei ihnen unerwünscht. Sie lernen, den eigenen Schmerz herunterzuschlucken. Die Folgen liegen auf der Hand: Buben nehmen Gefühle – und damit auch das Leid anderer – nicht so wahr wie Mädchen. Entsprechende Rollenmuster konnten sich über Generationen verfestigen: Männer kümmern sich um die Sicherheit, Frauen sorgen für Geborgenheit. Während Frauen sich dem Opfer zuwenden, gehen Männer eher auf den Täter ein.

Wie reagiert unser Hirn empathisch?

Das Fundament unseres sozialen Zusammenlebens ist, sich in die Gefühlswelt unseres Gegenübers zu versetzen. Der deutsche Philosoph und Psychologe Theodor Lipps hat das Phänomen zu Beginn des 20. Jahrhunderts erstmals genauer untersucht. Er führte die sogenannte »Empathie« in die wissenschaftliche Psychologie ein. Der Begriff umfasst die Fähigkeit, eigene Gefühle und die Gefühle der anderen zu verstehen und angemessen darauf zu reagieren. Im gesunden zwischenmenschlichen Kontakt fühlen sich Menschen permanent in andere ein: Wenn die Freundin Liebeskummer hat, eine nahestehende Person schwer erkrankt oder jemand ungerecht behandelt wird. Auf welchen organischen Mechanismen dieses Verhalten fußt, diskutieren Neurobiologen seit mehr als 30 Jahren. Wie funktioniert Empathie, was spielt sich in unserem Gehirn bei dieser wichtigen menschlichen Fähigkeit ab? Keine der wissenschaftlichen Theorien ist bisher eindeutig bestätigt oder widerlegt. Eine Hypothese zielt darauf ab, dass wir auf Gefühle und Ansichten eines Mitmenschen nur durch unser Vorwissen und äußere Anhaltspunkte schließen können. Andere Forscher bringen bestimmte Hirnzellen ins Spiel. Die sogenannten Spiegelneuronen reagieren auf das Verhalten unserer Mitmenschen. Diese Nervenzellen sind aktiv, wenn wir uns körperlich betätigen. Ebenso reagieren sie, wenn das auch unser Gegenüber tut. Unser Kopf spiegelt also die Bewegung des anderen: Lächelt sie, tue ich das auch. Streicht sie sich durchs Haar, mache ich dasselbe. Andere Nervenzellen könnten wiederum der Grund für empathische Gefühle sein. Diese Neuronen finden sich in einem kleinen Areal hinter dem rechten Ohr, im Übergangsbereich zwischen Schläfen- und Scheitellappen. Sie haben offenbar nur eine einzige Aufgabe: die Gedanken anderer Menschen zu lesen. Ob Helfer über besonders viele dieser Nervenzellen verfügen, entsprechende Hirnregionen größer sind oder die Zellen schneller erregt werden als bei Menschen, die in Gefahrensituationen nicht eingreifen, ist ungeklärt.

4.2 | Protokoll des Helfens

Lieber einmal zu viel nachgefragt

Im Sommer 2008 geht Irene Durukan zwischen eine Gruppe sich prügelnder junger Leute. Einem Opfer, das bereits am Boden liegt, rettet sie damit möglicherweise das Leben. Einige Zeit später erkennt sie den Haupttäter, die Polizei kann ihn durch ihren Hinweis stellen. Im September 2009 erhält Irene Durukan den »XY-Preis – Gemeinsam gegen das Verbrechen«.

»Es war ein fürchterliches Wochenende: Mein Sohn lag im Krankenhaus, weil er auf dem Nachhauseweg von einer Party einen Fahrradunfall gehabt hatte. Ich fühlte mich ausgehöhlt und müde nach der ganzen Aufregung: der nächtliche Weg zur Unfallstelle, mein blutender Sohn, der Krankenwagen mit Blaulicht und Martinshorn, die Sorge um ihn. Deshalb lag ich schon früh im Bett, wollte zur Ruhe kommen, ein bisschen lesen.

Da hörte ich durch das geöffnete Fenster das Getrappel vieler Schritte, einer ganzen Horde von Menschen, dazu aufgeregtes Gemurmel, laute Rufe zwischendurch. Eine Hetzjagd? Ich erinnerte mich an die Vorfälle neulich auf dem Marienplatz. Ich hatte sofort das Gefühl, da passiert etwas ganz Schlimmes. Mein Handy war aus, es hätte zu lange gedauert, es in Gang zu bringen. Ich rannte aus dem Schlafzimmer und rief meinem Lebensgefährten zu, er solle die Polizei rufen.

Ich bin dann raus, eines der Funktelefone in der Hand. Um mich zu verteidigen? Zur Abschreckung? Ich weiß es nicht mehr, es ging alles so rasend schnell. Dabei trieb mich eine Energie an, die mir bis heute unerklärlich ist. Als ich nach draußen kam, sah ich, wie ein Pulk junger Männer auf einen Menschen eintrat, der schon am Boden lag. Ich schrie und schrie: ›Aufhören! Die Polizei kommt! So hört doch auf! Schämt Euch! Das geht nicht!‹ Mir schossen meine Kinder durch den Kopf; sie könnten es sein, die da am Boden liegen. Ich war wütend über diesen ungerechten Kampf: eine ganze Horde gegen einen Einzelnen. Wie ich so rumbrüllte, stob der Pulk auseinander.

Nur zwei Jugendliche blieben zurück und machten weiter: H. und noch jemand. H. trat und schlug immer noch auf den am Boden liegenden jungen Mann ein. Ich schrie ihn an. Ich hatte den Impuls, ihn wegzureißen, doch ich schreckte davor zurück. Mir war wohl klar, dass auch ich die Zielscheibe seiner Aggressionen werden könnte. Er ging dann ganz langsam rückwärts. Diese Langsamkeit hat mich total provoziert, es wirkte so überheblich.

Protokoll des Helfens

Aus den Augenwinkeln sah ich, dass ein paar Nachbarn um uns herumstanden. Ich habe sie als sehr passiv in Erinnerung, keiner tat etwas. Mein Schreien hat die Leute dann wohl wachgerüttelt. Eine Nachbarin rief die Polizei, ein Nachbar den Krankenwagen.

Ich ging zu Basti, dem jungen Mann, der auf dem Boden lag. Ich streichelte ihn und redete beruhigend auf ihn ein. Er blutete aus Mund und Nase. Er tat mir so leid. Wahrscheinlich würde er lebenslang traumatisiert sein, auch wenn die körperlichen Verletzungen gut verheilen.

Ich war so wütend über diese Sinnlosigkeit.

Ich hatte dem Täter in die Augen geschaut. Er wusste, wer ich bin, kannte mich vom Sehen. Ich bin bekannt in Bad Aibling, engagiere mich ehrenamtlich für Kinder und Jugendliche. Aber ich hatte keine Angst. Denn wenn H. mir etwas tun würde, spräche sich das schnell rum. Das würden einige Jugendliche nicht durchgehen lassen.

Auch nach der Tat begegnete ich H. mehrmals. Er wohnte gleich um die Ecke von meiner Arbeit. Ich bin ihm nicht ausgewichen, nein, ich wollte kein Opfer sein. Ich habe keine Angst vor dir, das habe ich ihm immer wieder demonstriert.

Die Polizei ermittelte ihn erst zwei Monate nach der Tat, nachdem ich sie telefonisch auf seinen Aufenthaltsort aufmerksam gemacht hatte. Es gab eine direkte Gegenüberstellung. Als H. sich zur Seite drehte, wusste ich, dass er es war. Sein Profil hatte sich in jener Nacht fest in mein Gedächtnis eingebrannt. Die Anklage und der Prozess zogen sich noch ein Jahr hin. Denn es gab keine Zeugen, niemand machte eine Aussage. Es herrschte eine Mauer des Schweigens.

H. spielte sich später auf wie ein Held, prahlte regelrecht mit der Tat. Einer der Mitläufer stellte sich später freiwillig. Er kam nicht damit klar, was er in der Nacht angestellt hatte. Gegen H. und den zweiten geständigen Täter wurde gemeinsam verhandelt. Der zweite bekam ein Jahr und drei Monate zur Bewährung. Außerdem musste er 500 Euro Schmerzensgeld an Basti zahlen. Er zeigte sich einsichtig; für den Richter war die Sache erledigt. Ganz anders H. Er hat nichts begriffen, hat sich nur halbherzig bei Basti entschuldigt. Der Richter erhöhte H.s Strafmaß nach einer Revision des Staatsanwaltes auf zwei Jahre und sechs Monate Haft.

Ich kann nicht verstehen, dass Leute bei einer solchen Tat einfach danebenstehen und glotzen. Ich habe selbst 1988 in Frankfurt eine ähnliche Situation erlebt. Ein Mann wollte mich auf einer Brücke zu sexuellen Handlungen zwingen. Ich versuchte abzuhauen, aber er hat mich wieder eingefangen. Ich gab ihm dann klar zu verstehen, dass ich nicht mitmache. Das hat ihn total verunsichert. Er hat mir noch mein Geld abgenommen und haute dann ab. Nach ein paar Schreckmomenten bemerkte ich, dass die ganze Zeit ein Mann in der Nähe gewesen war, ein Obdachloser wahrscheinlich. Er hatte nichts getan, um mir zu helfen, gar nichts. Da schwor ich mir, niemals so zu sein.«

5 Da sein für andere

*»Je mehr Bürger mit Zivilcourage ein Land hat,
desto weniger Helden wird es einmal brauchen.«*

Franca Magnani

5.1 | Bürger-Engagement und unternehmerisches Engagement

Es ist Dienstagmorgen, ein besonderer Tag für Moritz. Der 13-jährige Gymnasiast geht heute nicht wie üblich in die Schule, sondern zum ersten Mal in seinem Leben arbeiten. Im Waldorfkindergarten im Norden Berlins deckt er den Tisch für die Krabbelgruppe, spielt mit den Buben im Garten Fußball und räumt mit der Spätgruppe den Tobe-Raum auf. Am Abend hält er 100 Euro in der Hand, sein erstes selbst verdientes Geld. Dass der Tageslohn nicht für die eigene Tasche gedacht ist, sondern in Hilfsprojekte auf dem Balkan fließt, bedauert der Berliner. »Aber nur ein bisschen«, sagt er. »Wenn ich weiß, dass wir so Straßenkindern in Albanien helfen, ist das eigentlich ganz schön cool.«

Es ist »sozialer Tag« in Deutschland, die Lehranstalten sind leer. Tausende Schüler mähen den Rasen bei der Nachbarin, assistieren dem Lokführer bei der Bahn, fegen den Hof des Bauunternehmens oder verkaufen Biohühner auf dem Wochenmarkt. Meist wählen die Schüler einen Job, der sie persönlich interessiert und der ihnen einen Vorgeschmack auf ihr späteres Berufsleben gibt. Welche Projekte in Südosteuropa die Freiwilligen mit ihrem Verdienst unterstützen, entscheiden sie selbst. Die Stiftung »Schüler helfen leben«, die den »sozialen Tag« organisiert, hat 130 Projekte zur Auswahl, die benachteiligte Kinder und Jugendliche auf dem Balkan unterstützen. Bisher haben eine Million Kinder und Jugendliche rund 18 Millionen Euro erarbeitet. Seit 1992 koordiniert »Schüler helfen leben« das Engagement der Heranwachsenden.

Sich ehrenamtlich zu engagieren ist hierzulande weiter verbreitet, als viele denken. Schon jeder dritte Deutsche über 14 Jahren betätigt sich freiwillig. Weit mehr sind grundsätzlich bereit, ein Ehrenamt zu übernehmen.

Ob im Sportverein, in Kultur- oder Umweltprojekten, der Kinder- und Jugendarbeit – wer sich einbringt, übernimmt Verantwortung, setzt sich für andere und damit für das Gemeinwohl ein. Am meisten haben ältere Menschen in Sachen Ehrenamt zugelegt. Sie engagieren sich immer stärker vor allem im Sozialen, der Pflege und Betreuung. Aber auch Eltern investieren zunehmend ihre freie Zeit als Freiwillige: in Schulen, Kindergärten, Sportvereinen oder für die Kultur. Kindertagesstätten in Trägerschaft einer Elterninitiative zum Beispiel sind heute nicht mehr wegzudenken. Und der »soziale Tag« lässt es erkennen: Aktiv in Sachen Ehrenamt sind auch immer mehr junge Menschen.

Auch Zivilcourage ist eine Form von sozialem Engagement. Unabhängig von der individuellen Motivation oder der Kultur, in der sich Menschen zivilcouragiert verhalten, passiert das meist aus freien Stücken und oft auch plötzlich. Nicht selten nehmen die Helfer dabei sogar Risiken für das eigene Leben oder das ihrer

Lieben in Kauf. So zum Beispiel der zweifache Vater Wesley Autrey aus Manhattan, der einem epileptisch krampfenden Mitpassagier in der New-Yorker-U-Bahn 2007 das Leben rettete – und dabei fast vergaß, seine eigenen Kinder aus der Gefahrenzone zu entfernen.[19] Der amerikanische Vorarbeiter gilt als Held, zieht durch Talkshows und wurde ins Weiße Haus eingeladen.

Promis zeigen, wie es geht

Autrey ist mit seiner spontanen Rettungsaktion keine Ausnahme. Zwar galt der Mensch in der Verhaltensforschung bisher vor allem als eigennütziges, egoistisches und gieriges Wesen. Doch allein der Blick in die Promigazetten lässt vermuten, dass es längst en vogue ist, sich für andere einzubringen.

Den Stein ins Rollen brachte Al Gore, US-Präsidentschaftskandidat im Jahr 2000. Als prominenter Aktivist der ersten Stunde gegen den Klimawandel wurde er 2007 mit dem Friedensnobelpreis ausgezeichnet. Der derzeitige US-Präsident Barack Obama – bereits kurz nach Beginn seiner Amtzeit ebenfalls zum Friedensnobelpreisträger gekürt – war in Sachen soziales Engagement bereits in den Achtzigerjahren aktiv. Obama arbeitete fünf Jahre als Sozialarbeiter in den Armenvierteln Chicagos.

Bill Gates hat die größte private Aidsstiftung weltweit gegründet. Brad Pitt, George Clooney und andere Hollywoodstars engagieren sich gegen den Klimawandel und für Kinder in ärmeren Ländern. Interesse und Engagement der anderen Art zeigte der britische Kultregisseur Danny Boyle. Er widmete einen ganzen Film dem Elend indischer Slumkinder. Der Film »Slumdog Millionaire« gewann acht Oscars.

Ehrenamt hilft auch in Zeiten der Finanzkrise

Doch es ist nicht nur die Barmherzigkeit, die Hollywoodstars und Normalsterbliche antreibt. In der glamourösen Welt geht nichts mehr ohne Charity. Im normalen Leben setzt vor allem der Staat bedingt durch leere Kassen wieder mehr auf die Eigenverantwortung seiner Bürger. Insgesamt sind rund 23 Millionen Menschen aktiv. Geschätzt gibt es etwa 500 000 gemeinnützige Vereine und 15 000 gemeinnützige Stiftungen.

Dennoch ist bürgerliches Engagement hierzulande noch lange nicht so selbstverständlich wie zum Beispiel in den USA. Dort ist ehrenamtliches Arbeiten Normalität, weil es weniger soziale Sicherheit gibt. Außerdem ist persönliches Engagement für viele Amerikaner auch Ausdruck ihrer bürgerlichen Selbstbestimmung.

Die Bremer Nachtwanderer trifft man spät am Abend und früh am Morgen – wenn die meisten Menschen im Bett und Jugendliche gern unterwegs sind. In kleinen Gruppen gehen die Freiwilligen in der Dunkelheit gezielt zu Plätzen, wo sich die jungen Leute treffen. Die Nachtwanderer reden mit ihnen, begleiten sie nach Hause oder in die Diskothek und schlichten Streit. »Wir bieten Jugendlichen in Konfliktsituationen eine Sicherheit, weil wir nicht wegschauen«, sagt einer der Bremer Aktiven. Allein durch ihre Anwesenheit konnten die Nachtwanderer in der Vergangenheit schon so manche Situation entschärfen. Die Idee stammt aus Schweden. Dort gibt es die nachtaktiven Freiwilligen schon seit den Achtzigerjahren. Von den insgesamt rund neun Millionen Schweden en-

gagieren sich inzwischen mehr als 200 000 Freiwillige. Doch längst haben auch andere Länder nachgezogen.

Die Möglichkeiten, sich freiwillig zu engagieren, sind bunt und abwechslungsreich. Manch einen überfordert das riesige Angebot. Jürgen Grenz brachte diese Unsicherheit auf eine Idee. Der Geschäftsführer eines Unternehmens für internetbasierte Software gründete im Jahr 2000 die Stiftung Gute-Tat.de, die Freiwillige und Hilfesuchende zusammenbringt. »Es gibt so viele Menschen, die sich engagieren wollen, aber nicht wissen, wie und wo«, sagt die Stiftungskoordinatorin Juliane Fischer. Momentan stehen bei Gute-Tat.de allein in Berlin 350 vor allem kleinere und mittlere Projekte zur Auswahl. Wer möchte, kann sich als Fahrdienst nützlich machen, als Teilzeitoma Familien unterstützen oder für Kinderheime in Osteuropa Geld und Kleidung sammeln.

Seit 2003 hat Gute-Tat.de einen besonderen Schwerpunkt: die Initiative »Heute ein Engel«. Angelehnt an die amerikanische Plattform »New York Cares« vermittelt die Stiftung Aktive für Kurzzeit-Projekte. »Viele, gerade junge Freiwillige wollen zwar etwas tun, sie können sich aber aus beruflichen oder privaten Gründen nicht langfristig binden«, sagt Fischer. Bei Gute-Tat.de können Sie Chauffeur für einen Arztbesuch sein oder einen Ausflug für ein Kinderheim organisieren. Egal, ob lediglich für ein paar Stunden, ein Wochenende oder über einen festgelegten Projektzeitraum: Sie entscheiden, wann, wo und wie Sie für andere da sind.

Gute-Tat.de vermittelt nur über das Internet. »Der Altersdurchschnitt liegt bei 38 Jahren«, sagt Fischer. Der jüngste Ehrenamtler ist 14. Er spielt mit einem älteren Herrn regelmäßig Schach. Im Jahr 2009 hat die Stiftung knapp 3000 Engagements vermittelt.

Wer sich einen Überblick verschaffen will, kann auf der Homepage www.gute-tat.de nachschauen.

Im Westen ist Engagement weiter verbreitet

Jährlich investieren die Freiwilligen 4,6 Milliarden Stunden in kulturelle und soziale Projekte, in Umwelt und Tierschutz. Würden diese mit 7,50 Euro pro Stunde honoriert, entspräche das einer Untersuchung der Versicherung Generali zufolge einem Nutzen für das Gemeinwesen in Höhe von 35 Milliarden Euro[20] – und der Arbeit von etwa 3,2 Millionen Erwerbstätigen. (Insgesamt gibt es in Deutschland rund 40 Millionen Erwerbstätige.)

Auffällig ist das starke Ost-West-Gefälle. Während sich in Bayern, Baden-Württemberg, Hessen und Rheinland-Pfalz fast jeder Zweite engagiert, tut man sich in den östlichen Landesteilen schwerer. In Städten gibt es für bürgerliche Gemeinschaftsprojekte offenbar weniger Raum. Bundesweites Schlusslicht: Berlin. Hier hat noch nicht einmal jeder Fünfte Lust auf ehrenamtliche Arbeit. Auf dem Land scheint soziales Engagement wie zum Beispiel bei der freiwilligen Feuerwehr noch einen höheren Stellenwert zu haben.

Und: Je niedriger der Bildungsgrad, desto seltener ist das freiwillige Engagement. Arbeitslose und Menschen aus bildungsfernen Familien helfen seltener. Menschen mit einer guten Ausbildung und Geld auf dem Konto engagieren sich hingegen häufiger ohne Vergütung.

Weltweit setzen sich Menschen füreinander ein

Seit 1986 findet weltweit jährlich am fünften Dezember der Internationale Tag des Ehrenamtes statt. Neben vielen Gedenk- und Aktionsveranstaltungen verleiht der deutsche Bundespräsident an diesem Tag einen Verdienstorden an besonders engagierte Personen.[21] Am gleichen Tag wird auch der Deutsche Engagementpreis verliehen. Die Kampagne »Geben gibt« soll wenigstens einige der Millionen Aktiven auszeichnen und ihnen in der Öffentlichkeit ein Gesicht geben. Gefördert wird der Preis vom Bundesministerium für Familie, Senioren, Frauen und Jugend.

Durch entsprechende Kampagnen, Aktionen und Preise hoffen die Experten für die Zukunft, dass der »gute Dienst für andere« nicht nachlässt. Denn nach dem kontinuierlichen Abbau von Sozialleistungen der letzten Jahre steht das nächste Problem an: Infolge des demographischen Wandels gibt es immer weniger junge und dafür mehr betagte Menschen. Sie leisten andere Freiwilligenarbeit als die Jungspunde: Die Mitarbeit in Kirchen und für eine Religion wird voraussichtlich in den Hintergrund treten, das Engagement rund um Alter und Gesundheit dagegen zunehmen.

Menschlich handeln und Kontakte knüpfen

Doch was bewegt uns dazu, Kraft und Zeit zu investieren und gelegentlich auch eigene Gefahren auf uns zu nehmen? Statt eines Lohnes lediglich die Gewissheit zu haben, etwas Gutes zu tun? Egal, ob es um Frieden, Ökologie, Menschen- und Bürgerrechte, Emanzipation oder Globalisierung geht – »wenn sich Menschen füreinander einsetzen, verfolgen sie ein höheres Ziel«, schreibt der kürzlich verstorbene Psychoanalytiker Kurt Singer in seinem Buch »Zivilcourage wagen«. Helfer und sozial engagierte Menschen demonstrieren mit ihrem Einsatz, dass sie moralische Wertvorstellung haben. Selbstloses Handeln besteht nicht darin, andere zu erziehen«, so Singer. Vielmehr gehe es darum, miteinander in einen Dialog zu treten und sich zu verständigen. Ein ähnliches Fazit ergab der deutsche Engagementatlas 2009. Die meisten Aktiven wollen die Gesellschaft im Kleinen mitgestalten und mit anderen Menschen zusammenkommen.

Geld regiert NICHT die Welt

Finanzielle Motive sind offenbar nicht die wichtigste Triebfeder menschlichen Handelns. Das hat zuletzt die Finanzkrise der Jahre 2008/2009 gezeigt. Zwar befürchtete mehr als die Hälfte der Deutschen, dass das freiwillige Engagement im Zuge der Wirtschaftskrise abnehmen werde, fand eine Emnid-Umfrage heraus. Doch es kam anders: Der Crash der Banken ließ die Gesellschaft umdenken. Man rückte wieder näher zusammen, wurde sich bewusst, dass auch Zuneigung, Anerkennung und Mitgefühl das persönliche Dasein bereichern. Wer sich für andere engagiert, lebt zufriedener. Denn anders als die große Politik erleben wir soziales Handeln als konkret, zielgerichtet und schnell umsetzbar.

In Bürgerstiftungen tragen Bürger einer Region zusammen, was sie haben: Zeit, Geld und Ideen. Das Ziel einer Bürgerstiftung: möglichst viele Menschen sowie Unternehmen (Corporate Citizens) dazu zu bewegen, etwas fürs Gemeinwohl zu tun – und zwar unter einem gemeinsamen Dach. Die Stif-

tung dient dabei als Sammelbecken für Spenden. Weil private Geldgeber mitunter viel Geld geben, gelingt es vielen Stiftungen, ihr Vermögen gewinnbringend anzulegen und finanziell unabhängig zu sein. Es ist nicht festgelegt, welche Projekte unterstützt werden. Wohin die Mittel fließen, ist normalerweise transparent. Bürgerstiftungen sind eine der am schnellsten wachsenden Stiftungsformen weltweit. Mittlerweile gibt es mehr als 1400 Community Foundations in mindestens 50 Ländern rund um den Globus.

Der Mensch ist ein moralisches Wesen

Lange galt Darwins Evolutionstheorie: Der Mensch, der sich am besten seiner Umwelt anpasst, pflanzt sich fort. Anders ausgedrückt: Wer sich ohne Rücksicht auf Verluste durchs Leben kämpft, hat einen Überlebensvorteil. Mittlerweile zeigt die Wissenschaft jedoch, dass Gemeinschaftssinn und moralisches Handeln nicht nur anerzogen, sondern auch angeboren sind. Aktuelle Versuche weisen darauf hin, dass sich Gerechtigkeitssinn, Emotionen und moralisches Handeln in »uralten« Hirnregionen abbilden. Diese Bereiche hat der Mensch von entfernten Verwandten aus dem Tierreich übernommen.

Auch die Wirtschaft mischt mit

Ehrenamtliches Engagement ist jedoch längst nicht mehr nur ein privater Zeitvertreib. Mittlerweile erkennen auch immer mehr Unternehmen, dass sich soziales Engagement auszahlt, andere wollen zumindest den Anschein geben. So versorgt der TV-Kanal RTL

II sein traditionell sensationslüsternes Publikum nicht nur mit brutalen Gewaltfilmen, sondern zeigt sich neuerdings verantwortungsbewusst und von seiner ernsten Seite: Mit einem Spot – ein Ausschnitt aus Videos des Sängers Gentleman – will der Sender seine Zuschauer zu mehr Zivilcourage motivieren. Im Film läuft der Reggae-Musiker alleine durch eine U-Bahn-Station und wird plötzlich von mehreren Männern attackiert und verprügelt. Die Botschaft ist klar: Jeder kann das nächste Opfer sein. »Mit diesem Spot wollen wir unser Engagement für soziale Themen unterstreichen«, sagt Projektleiter Carsten Molis.

Corporate Volunteering ist Teil moderner Firmenstrategie

Beim Corporate Volunteering unterstützen Unternehmen den ehrenamtlichen Einsatz ihrer Mitarbeiter für gemeinnützige Dienste und Einrichtungen. Vom Kleinunternehmer über Mittelständler bis hin zu Weltkonzernen. Bei vielen Unternehmen gehört Corporate Volunteering mittlerweile zur modernen und strategischen Unternehmensführung. Schon heute engagieren sich rund zehn Millionen Arbeitnehmer neben ihrem Job für soziale Projekte. Ob der Arbeitgeber dabei das persönliche Engagement Einzelner unterstützt, ganze Projekte finanziert oder die komplette Belegschaft zum Ehrenamtstag schickt – den Möglichkeiten des Corporate Volunteering sind keine Grenzen gesetzt.

Als einer der ersten Firmen führte die Firma Henkel Corporate Volunteering ein. 1998 gründete der Konzern die Initiative Miteinander im Team (MIT). Die positive Bilanz nach mehr als einem Jahrzehnt MIT: Über 4000 Mitarbeiter und Pensionäre von Henkel haben sich in über 110 Ländern für über 7000 soziale Projekte engagiert. Der Konzern gibt seinen Angestellten pro Quartal bis zu drei Tagen bezahlten Extra-Urlaub, liefert Produktspenden wie IT-Geräte oder unterstützt durch Gelder. »Vom Manager, der ein Ausbildungsprojekt in Indien steuert bis hin zu einer Elternvertreterin, die für eine Tombola auf dem Schulfest Unterstützung braucht, ist alles dabei«, sagt Sandra Lorch, Leiterin des weltweiten Spendenmanagements von Henkel. »Wichtig ist, dass die Unterstützung zweckgebunden ist und ein konkretes Ziel verfolgt.« Allein 2009 hat Henkel mehr als 2300 Projekte mit rund 7,5 Millionen Euro unterstützt.

Der Firmeneinsatz poliert nicht nur das Image der Unternehmen auf. Er ist zumindest theoretisch eine Win-Win-Konstellation: Zufriedene Angestellte, deren Arbeitgeber sie in ihrem privaten Anliegen unterstützt, sind ihrem Unternehmen treuer. Die Mitarbeiter erlangen durch ihr Engagement Sozialkompetenz, werden routinierter in der Projektleitung und entwickeln Teamgeist. Sie sind motivierter, haben mehr Selbstvertrauen und erleben den Berufsalltag als abwechslungsreicher.

Nicht zuletzt profitieren die unterstützten Initiativen: Durch die professionelle Hilfe können sie Projekte umsetzen, die ohne das jeweilige Firmen-Know-How nicht realisierbar wären. Sie knüpfen Kontakte zum wirtschaftlichen Sektor und bauen langfristige Beziehungen zu den kooperierenden Unternehmen auf.

Junge Führungskräfte wollen sich sozial einbringen

Die gemeinsam von der Unternehmensberatung brands & values und der Online Job-Börse jobscout24 durchgeführte Studie »Hand in Hand« bestätigt: Junge Führungskräfte achten bei der Wahl ihres zukünftigen Arbeitgebers zunehmend darauf, ob dieser sich für die Gesellschaft engagiert. Die Generation der 25- bis 45-Jährigen will mehr als attraktive Gehälter und interessante Karriereaussichten. Vier von fünf Jobsuchenden würden sich bei sonst gleichen Arbeitsbedingungen für ein Unternehmen entscheiden, das sich gesellschaftlich engagiert. Fast die Hälfte der insgesamt 685 Studienteilnehmer würde sogar einen weniger gut bezahlten Job annehmen, wenn der Arbeitgeber Freiwilligenarbeit während der Arbeitszeit unterstützt. Über 70 Prozent aller befragten Unternehmen fördern das bereits bestehende Engagement ihrer Mitarbeiter oder bieten ihnen Projekte an, sich gesellschaftlich zu engagieren.

Seit 2008 engagiert sich auch der Verlag Gruner & Jahr. Sein Corporate Volunteering Programm G+J Commitment soll Führungskräfte und Mitarbeiter anspornen, sich für die gute Sache einzusetzen. Alle Aktiven können Extra-Urlaubstage für ihr Engagement bei einer sozialen oder karitativen Institution beantragen. Außerdem sind finanzielle Zuschüsse für Sachkosten oder Geldspenden möglich. Wie viel Geld jemand bekommt, entscheidet ein Ausschuss aus Vertretern der Personalabteilung, des Betriebsrats, der Unternehmenskommunikation sowie leitenden Angestellten.

Unternehmen bauen kulturelle Brücken

Ganz anders gestaltet Klaus-Peter Gust seinen Beitrag zum Gemeinwohl. Der 51-jährige Geschäftsführer des Unternehmens Sik-Holz aus der Region Brandenburg entwickelt, plant und gestaltet Kinderspielplatzgeräte. Insgesamt beschäftigt er rund 200 Mitarbeiter. Zusätzlich engagiert sich SIK-Holz für Toleranz und Partnerschaft zwischen den Kulturen dieser Welt. »Initiiert von zwei Pastoren bauten wir erstmals 1998 mit Jugendlichen aus Ost- und Westdeutschland sowie Südafrika einen bespielbaren Regenbogen in Soweto«, sagte der Geschäftsführer. Ziel der von ihm selbst entworfenen riesigen Spielkonstruktion aus Holz: die interkulturelle, internationale Verständigung junger Menschen aus aller Welt. »Der Regenbogen steht für den Brückenschlag, für die Hoffnung zwischen allen Menschen und Kulturen«, erklärt Gust. Mittlerweile findet sich auch in New York, Berlin, Polen, Paraguay und an sechs weiteren Orten der Welt ein Regenbogen der Verständigung. Alle Brücken hat Gust mit Jugendlichen gebaut, auch Auszubildende aus seinem Unternehmen sind beteiligt. »Ökonomische Interessen oder Ruhm sind nicht mein Ansinnen«, sagt Gust. »Wir möchten Jugendliche zusammenbringen, gemeinsam über Demokratie, Werte, Hoffnung und Glaube sprechen.« Denn Gust weiß aus langjähriger Projekterfahrung: »Junge Menschen wollen etwas schaffen, sie brauchen eine Zukunft und Freiheit. Mich mit ihnen zu verständigen, den kulturelle Austausch zu ermöglichen und voneinander zu lernen, das ist meine Form von Zivilcourage«, sagt Gust.

Was ist ein Whistleblower?

Christoph Meili, Wachmann bei der Schweizer Bankgesellschaft, ist einer. Er machte öffentlich, dass Belege von Kunden vernichtet wurden. William Felt zählt dazu. Der FBI-Beamte war eine Schlüsselfigur im Watergate-Skandal und mitverantwortlich für den Sturz des amerikanischen Präsidenten Nixon. Auch Erwin Bixler fühlte sich verpflichtet. Er arbeitete beim Landesarbeitsamt Rheinland-Pfalz und machte gefälschte Statistiken der Arbeitsämter publik. Der derzeit prominenteste Whistleblower ist Brad M. Als Gefreiter im Irak lancierte er ein Video in der Öffentlichkeit. Es zeigt den Angriff eines US-Militärhelikopters auf Zivilisten in Bagdad. Bei dem Vorfall kamen im Jahr 2007 zwölf Menschen ums Leben. Kurz darauf wurde M. wegen Militärspionage verhaftet.

Whistleblower schlagen Alarm, decken illegale Machenschaften in Betrieben, der Politik oder dem Militär auf, sprechen aus, was andere sich nicht trauen – und werden oft dafür gehasst. Der Begriff stammt aus dem englischen »to blow the whistle«, übersetzt »die Trillerpfeife blasen«. Doch wer zu laut bläst, läuft Gefahr, hinterher allein und ohne gesellschaftlichen Rückhalt dazustehen. Whistleblower erfahren meist weder persönliche Unterstützung noch gesellschaftliche Anerkennung. Sie gelten als Nestbeschmutzer, Denunzianten oder werden von Öffentlichkeit und Politik als publikumsgeil beschimpft.

> In den USA genießen sie seit knapp zwanzig Jahren gesetzlichen Schutz. Das aber hilft ihnen wenig. Schon der frühere US-Präsident George Bush schikanierte Whistleblower gnadenlos. Der aktuelle Fall des Brad M. zeigt: Barack Obama ist unweit strenger, er lässt die Ungehorsamen strafrechtlich verfolgen und verhaften. Auch in Deutschland ist die Rechtsprechung nicht unbedingt auf der Seite der Whistleblower. Oft müssen sie jahrelange Gerichtsverfahren hinter sich bringen – und sind ihren Job dann trotzdem los. Denn wer einmal den Mund aufgemacht hat, dem traut man nicht mehr.

5.2 | Das persönliche Engagement

Es sind doch unsere Kinder

Von dem Überfall auf seinen Sohn erfuhr Faribourz Saremi schon wenige Minuten nach der Tat. Ein Freund des Sohnes erreichte kurz nach dem Vorfall die nur 200 Meter vom Tatort entfernte Wohnung in der Innenstadt von Bensheim. Er wollte den Vater um Hilfe bitten. Zu spät. Nach einem Diskobesuch war der 29-jährige Fabian Salar von vier Männern zusammengeschlagen worden. Die Täter ließen ihn auf der Straße liegen; kurz darauf überfuhr ihn ein Taxi. Nach vier Wochen im Koma verstarb der junge Mann im Krankenhaus.

Zusammen mit seiner Tochter Salome sowie Freunden und Bürgern der Stadt Bensheim gründet Saremi den Verein Fabian Salars Erben e. V. Der Verein will ein Zeichen setzen für Zivilcourage und gegen das Vergessen, die Gewalt und das Wegsehen. Doch die Vereinsarbeit allein reicht Saremi nicht. Er will mehr tun, will sich kümmern um die Jugendlichen, die nachts abhängen, trinken, randalieren. Und aus deren Mitte wahrscheinlich auch die Jugendlichen stammen, die für den Tod seines Sohnes verantwortlich sind.

Fast jedes Wochenende trifft der 70-jährige Perser die Jugend von Bensheim auf dem Marktplatz in der Innenstadt und am Rinnentor, den sozialen Brennpunkten der Stadt. Schüler sind darunter, aber auch Arbeitslose und Jugendliche ohne Bleibe. Einige sind Albaner, andere Türken oder Deutsche. In Bensheim sieht man es nicht gern, wenn sie in der Stadt abhängen. Viele ältere Menschen meiden abends diese einschlägigen Orte. Sie haben Angst vor den Jugendlichen.

»Ich erinnere mich noch genau, als ich das erste Mal zu ihnen hinüberging. Mein Herz klopfte mit jedem Schritt ein wenig schneller. Ich wusste nicht, was ich sagen sollte, wusste nicht, wie sie reagieren würden. Mit jedem Meter wurde mir klarer, dass ich keine Idee hatte, wie ich es anstellen musste. Ich wusste nur, dass ich mit ihnen reden würde. Viele dieser Jugendlichen haben kein Zuhause, sie haben keine intakte Familie. Sie haben keine Perspektive, keinen Ort, an dem sie sein dürfen. Als ich in ihrer Mitte eintraf, wurde es still. Ein junger Mann fasste sich ein Herz und sprach mich an. Guten Abend, Herr Saremi, es tut uns unendlich leid, was mit Ihrem Sohn passiert ist. Da fiel mir ein Stein vom Herzen. Sie wussten, wer ich bin. Ich wusste, sie würden mich respektieren.

Seitdem gehe ich jedes Wochenende an ihre Treffpunkte. Wenn

Das persönliche Engagement

sie zu laut sind, sprechen wir. Oft packen sie ihre Rucksäcke, wenn sie jemanden kommen sehen, wollen gleich abhauen. Aber ich halte sie auf. Ihr müsst nicht gehen, es ist auch eure Stadt. Aber seid leise und redet nicht so aggressiv und grob. Stellt euch vor, eure Mütter und Schwestern hören die Worte, die ihr benutzt. Ich rede mit ihnen, ich nehme mir Zeit, sie verstehen mich. Dann ist meist Ruhe.

Diese Jugendlichen brauchen Liebe und Zuwendung. Sie sollen das Gefühl bekommen, da ist jemand, der sich für sie interessiert. Die einzige Waffe, die sie haben, sind ihre Schimpfwörter und Aggressionen. Ich höre ihnen zu, ich beruhige sie, wirke auf sie, ohne dass sie es merken. Ich versuche, mich auf sie einzulassen. Ich bin erwachsen, mir gelingt das. Umgekehrt funktioniert das nicht, und ich erwarte es auch nicht. Sie haben Vertrauen gefasst mit der Zeit. Ich habe sie eingeladen, sie können jederzeit zu uns kommen. Mein Haus steht allen offen, wie früher, daran hat auch Fabians Tod nichts geändert. Manchmal kegeln sie bei uns auf unserer Kegelbahn. Sie haben große Fortschritte gemacht. Im Sommer wollen wir eine Jugendmannschaft aufstellen.

Warum ich das mache, nach alldem, was passiert ist? Ich möchte etwas für sie tun. Ich erwarte nichts von ihnen, aber ich freue mich, wenn sie meine Hilfe annehmen. Es stimmt nicht, dass wir nichts machen können, wie so oft gesagt wird. Wer soll sich um die Jugend kümmern, wenn nicht wir? Sie gehören zu unserer Gesellschaft. Sie sind doch unsere Kinder.«

6 Vom Staat im Stich gelassen

»In allem Unrecht, das geschieht,
ist nicht nur der schuld,
der es begeht, sondern auch der,
der es nicht verhindert.«

Erich Kästner

6.1 | Kriminelles Deutschland – Mythos oder Wahrheit?

Nahezu täglich erfahren wir über neue Grausamkeiten, Gewalttaten und Überfälle. Wer die Meldungen im Internet, in der Presse und im TV verfolgt, kommt leicht zu dem Schluss: Die Kriminalität in Deutschland muss in den letzten Jahren stetig gestiegen sein. Insbesondere die gewaltsamen Straftaten scheinen zuzunehmen; immer häufiger reagieren Täter ohne echten Anlass aggressiv und brutal.

Doch ist das wirklich so? Ein Blick in die Polizeiliche Kriminalstatistik 2009 (PKS) zeigt: Nein. Deutschland wird immer zahmer. Sowohl die Gesamtzahl der Straftaten als auch die Zahl der Gewalttaten sanken. Und damit nicht genug: Die aktuellen Zahlen sind mehr als eine Momentaufnahme. Sie setzen den erfreulichen Trend der letzten Jahre fort. Woran liegt das?

- Der demografische Wandel senkt die Kriminalitätsrate. Deutschland altert: Es gibt weniger gefährliche junge Männer, mehr harmlose Senioren und damit mehr innere Sicherheit.
- Die Polizei arbeitet effizienter: Im Jahr 2007 konnten 20 Prozent mehr Straftaten aufgeklärt werden als noch im Jahr 1993. Die höhere Erfolgsquote bei der Aufklärung scheint auf die Täter zunehmend abschreckend zu wirken.
- Die Migrationssituation hat sich verändert; es wandern immer weniger Menschen aus anderen Ländern zu.
- Die Gewaltbereitschaft in Familien und Schulen sinkt.
- Das kriminalpräventive Engagement der letzten Jahre zeigt Wirkung.

Anteil der 14- bis 30-jährigen Männer zur Wohnbevölkerung insgesamt bzw. zu allen Tatverdächtigen ausgewählter Delikte für die Bundesrepublik Deutschland 1993[22]

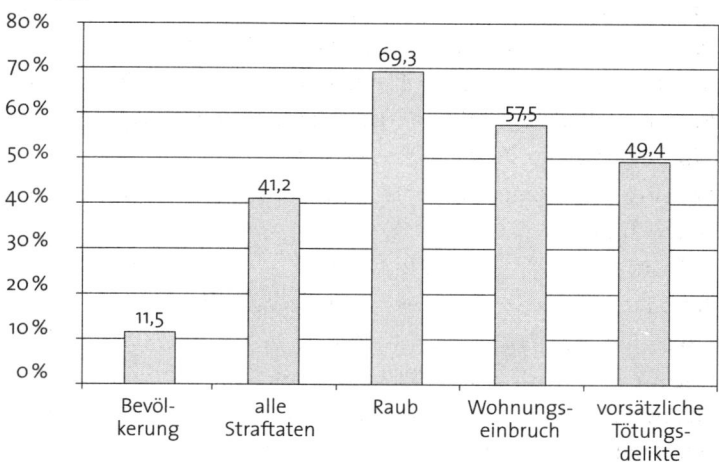

Vom Staat im Stich gelassen

Veränderung der Wohnbevölkerung in der Bundesrepublik Deutschland nach Altersgruppen[22]

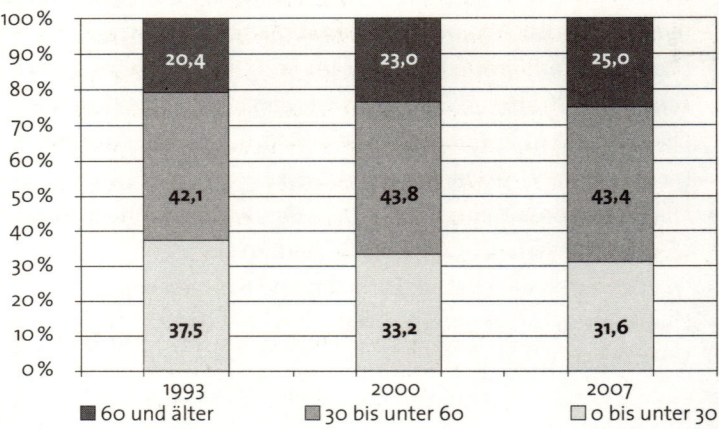

Tatverdächtige insgesamt je 100 registrierte Fälle[22]

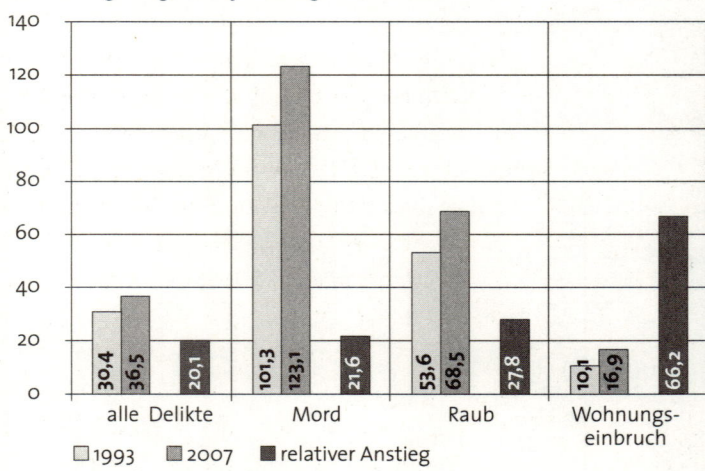

München, Dezember 2008: Ein 76-jähriger pensionierter Rektor bittet zwei Jugendliche in einer Münchner U-Bahn-Station, ihre Zigaretten auszumachen. Die beiden fühlen sich angemacht; sie prügeln den Mann daraufhin fast zu Tode. Das Gericht verurteilt den 18-jährigen Spyridon L. zu achteinhalb Jahren Jugendstrafe. Der 20-jährige Serkan A. bekommt nach Erwachsenen-Strafrecht zwölf Jahre Haft wegen versuchten Mordes.

Die Bevölkerung

Tatsächlich glaubt ein großer Teil der Deutschen, dass die Kriminalität hierzulande stark zugenommen hat. Vor allem Menschen, die viel fernsehen und die Boulevardpresse lesen, fühlen sich bedroht.[23] In ihren Augen sind vor allem Migranten die Übeltäter: Eine Umfrage von TNS Infratest im Jahr 2004 ergab, dass die Bevölkerung glaubt, der Anteil der von Ausländern begangenen Straftaten sei von einem Viertel auf ein Drittel angestiegen.[23] Tatsächlich war er jedoch auf 19 Prozent gesunken – ein Trend, der seit 1998 bemerkbar ist und sich auch in der Kriminalstatistik von 2009 fortsetzt.

Interessanterweise haben diejenigen die größte Angst vor Kriminalität, die am wenigsten zu befürchten haben, nämlich ältere Menschen und Frauen (mit Ausnahme häuslicher Gewalt). Junge Männer dagegen, die am wenigsten Angst haben, werden besonders oft angegriffen. Wie lässt sich das erklären? Da ältere Menschen und Frauen glauben, ständig in Gefahr zu sein, gehen sie seltener an Orte, wo Gefahr droht, und vermeiden auch sonst Situationen, die gefährlich sein könnten. Junge Männer indes glauben, ihnen könne nichts passieren. Deshalb leben sie risikoreicher – und werden häufiger zum Opfer.

Hagen, März 2010: Vier 16-Jährige schlagen am Hagener Hauptbahnhof einen 33-Jährigen schwer zusammen. Der Mann hatte die rangelnden Jugendlichen zuvor gebeten, aufzupassen, dass sie nicht auf die Gleise stürzen. Gegen die vier Jugendlichen wurde ein Ermittlungsverfahren wegen gefährlicher Körperverletzung eingeleitet.

Die Medien

Dass die Öffentlichkeit die Lage so fatal falsch einschätzt, liegt zu einem großen Teil an den Medien, allen voran das Boulevard. Denn kaum etwas verkauft sich besser als Mord und Totschlag. Bei Lesern und Zuschauern entsteht dadurch der Eindruck besonders vieler, besonders brutaler Vorfälle. Auch TV-Sendungen wie »Richterin Barbara Salesch«, »Lenßen & Partner« oder »K11« leisten dazu ihren Beitrag: Gewalt ist in deutschen Wohnzimmern erlebbar – ohne dass die Menschen dafür auch nur einen Schritt vor die Tür setzen müssen.

Zunehmend beeinflusst das Fernsehen die Bevölkerung auch mit Fantasie-Dokumentationen. Die privaten Sender entwickeln Formate, bei denen sich Realität und Fiktion bis zur Unkenntlichkeit vermischen. Scripted Reality, Realtainment und Emotainment – dahinter verbergen sich Produkte, die wie eine Dokumentation oder Reportage aufgezogen sind, deren Inhalte die Autoren aber komplett erfinden. Statt echte Schauspieler zu engagieren, casten die Produktionsfirmen Laiendarsteller. Dadurch wirkt alles besonders echt und glaubwürdig. Auch bei Inszenierung, Kameraauflösung und Postproduktion verwenden die Macher Stilmittel, die für das »wirklich Erlebte« stehen sollen: Wackelkamera oder »Amateurvideo-Look« sorgen dafür, dass der Zuschauer glaubt, die Ereignisse haben sich tatsächlich so zugetragen.

Die Programmplaner der Privatsender bedienen das voyeuristische Interesse ihrer Zuschauer mittlerweile den ganzen Nachmittag. Und noch vor dem Sandmännchen senden sie Filme, in denen von Taschendieben, Schlägern bis hin zu Schwerstkriminellen alles zu sehen ist. Kein Wunder, dass die Zuschauer die Welt als zunehmend bedrohlich, brutal und gewalttätig empfinden.

Vor allem in den letzten zwei Jahren hat sich das Privatfernsehen zunehmend auf die Misere in sozial schwachen Familien gestürzt. »Die Schulermittler«, »Betrugsfälle« und »Familien im Brennpunkt« zeigen uns glaubwürdig, wie kurz der Weg vom Hartz-IV-Empfänger zum Kleinkriminellen ist. Die Inhalte bewegen sich auf Boulevard-Niveau, und auch hier kommen die Geschichten aus der Retorte.

München, Juni 2009: Sie waren auf der Suche »nach dem Kick«. Drei Schweizer Jugendliche ziehen Ende Juni 2009 durch die Münchner Innenstadt und greifen völlig wahl- und grundlos fünf Passanten an, die sie brutal zusammenschlagen. Alle drei waren bereits in der Schweiz straffällig. In Deutschland drohen ihnen nun bis zu zehn Jahre Haft.

Die Politik

Die Menschen glauben, dass ihre Welt immer krimineller wird. Damit steigt ihr Bedürfnis nach mehr Sicherheit. Nicht selten mündet das in einen Ruf nach härteren Strafen. Spätestens nach dem nächsten brutalen Überfall steigt der Druck auf die Politik, das gesetzliche Strafmaß anzuheben. Strapaziertes Beispiel: das Jugendgerichtsgesetz (JGG). Die Politiker punkten bei der Bevölkerung, wenn sie strengere Strafen für gewalttätige Jugendliche fordern. Ganz gleich ob nach einem erneuten schweren Gewaltverbrechen oder im Wahlkampf:

Härtere Strafen – sind sie wirklich sinnvoll?

Die Forderungen von Medien, Öffentlichkeit und Politik sind nicht ohne Widerhall geblieben: Seit 1992 hat sich der Strafrahmen bei 40 Strafbeständen erhöht. So ordnen die Richter in den letzten Jahren zunehmend häufiger Freiheitsstrafen an. Auch die Dauer der Strafen ist gestiegen:[24] Mussten Straffällige 1990 durchschnittlich 5,2 Jahre absitzen, waren es im Jahr 2002 schon 7,3 Jahre – ein Plus von 40 Prozent. Die Wahrscheinlichkeit, mit einer Bewährungsstrafe davonzukommen, ist indes drastisch gesunken.

Wer seinen Sohn liebt, züchtigt ihn. Doch führen eine konsequentere Strafverfolgung nach diesem Motto und härtere Strafen wirklich dazu, dass sich die Anzahl krimineller Vorfälle stabilisiert, wenn nicht gar sinkt? Offenbar nicht, vor allem nicht bei den jungen Menschen: Vier von fünf jugendlichen Straftätern (14 bis 21 Jahre) werden wieder rückfällig, nachdem sie ihre Strafe abgesessen haben. Bei den Erwachsenen ist es lediglich jeder zweite. Die größte Einsicht zeigen Erwachsene, die der Richter zu einer Geldstrafe verurteilt hat. Von ihnen wird nur ein Drittel rückfällig.

Dass ein härteres Strafmaß nicht die Lösung aller Probleme ist, zeigen auch die USA: In Amerika saßen im Jahr 2003 über zwei Millionen Menschen im Gefängnis – 25 Jahre zuvor waren es gerade mal eine halbe Million. Doch die Kriminalitätsquote hat sich kaum verändert. Ähnliches wird aus Großbritannien berichtet, wo die Justiz in den letzten Jahren zunehmend härtere Gesetze eingeführt hat.

Hamburg, Februar 2010: In einem Hamburger Linienbus schlagen zwei junge Männer einen 19-Jährigen zusammen. Er hatte sich über die laute Musik aus deren Handy beschwert. Selbst als der Junge am Boden liegt, treten die beiden Täter noch auf seinen Kopf ein. Erst als andere Fahrgäste eingreifen, lassen die Angreifer von ihrem Opfer ab und flüchten aus dem Bus.

Jugendkriminalität verhindern – beginnen, bevor es anfängt

Wäre es indes nicht sinnvoller, sich um die verstärkte Resozialisierung der Jugendlichen zu bemühen? Oder mehr geschlossene und ambulante Einrichtungen für junge Delinquenten zu schaffen? Und warum wird immer noch so selten ein Täter-Opfer-Ausgleich praktiziert, bei dem Täter und Opfer sich treffen und die Tat gemeinsam aufarbeiten? »Die Politik verhält sich so, als läge die Zukunft des Landes im Ausbau von Gefängnissen«, sagt Christian Pfeiffer, Leiter des Kriminologischen Forschungsinstituts Niedersachsen (KFN). »Dabei wissen wir doch, dass die Prioritäten in der Frühförderung von Kindern und im Ausbau von Ganztagsschulen liegen müssen, um beispielsweise der wachsenden Medienverwahrlosung der Kinder entgegenzuwirken.«

Wie soll man nun mit den straffälligen Jugendlichen umgehen? Erziehungscamps oder Knast? Jugend- oder Erwachsenenstrafrecht? Prävention heißt das Stichwort. Kriminologen wie Pfeiffer versuchen mit ihrem Ansatz vor allem (weitere) Straftaten zu verhindern. Denn wenn der Einsatz von Polizei, Staatsanwaltschaft oder dem Strafrichter vonnöten ist, ist es häufig zu spät.

Der Präventionsansatz hat Sinn. Denn Gewalt und Süchte, schulische und berufliche Probleme sowie risikoreiches Verhalten treten überdurchschnittlich häufig bei Kindern aus Familien auf, in denen kein Platz für sie ist: Sie werden vernachlässigt, geschlagen und missbraucht. Gewalt schafft wieder Gewalt. Solche Familiensituationen treten häufig zusammen mit extremer Armut und sozialen Randgruppen auf.

Was wir nach Meinung der Experten brauchen, fasst das umständliche Wort Primärprävention zusammen: Risikofaktoren wie Armut, Scheidung oder geringe Bildung müssen früh erkannt – und dann möglichst rasch umschifft werden. Die Angebote richten sich an die Kinder und ihre Eltern: Wenn Kleinkinder aus benachteiligten Familien das soziale Miteinander im Kindergarten erleben, entwickeln sie sich im weiteren Verlauf ihres Lebens nachweislich besser. Wer in einer Ganztagsschule bis zum Nachmittag lernt, hat weniger Zeit kriminell zu werden. Spezielle Trainings unterstützen die Eltern dabei, die Erziehung ihres Nachwuchses zu meistern. Allerdings gibt es bei all diesen Angeboten ein grundsätzliches Problem, für das es bislang keine Lösung gibt. Die Programme erreichen oft diejenigen nicht, die sie am nötigsten bräuchten.

Das Projekt »Pro Kind« soll verhindern, dass Kinder sozial schwacher Frauen in den gleichen Teufelskreis wie ihre Mütter geraten. Sozialarbeiterinnen und Hebammen begleiten die Frauen bereits während der Schwangerschaft und bis mindestens zum zweiten Geburtstag des Kindes. Die Gesundheitshelferinnen beraten die Frauen in Fragen der Erziehung und können so verhindern, dass die Mütter sich frühzeitig überfordert fühlen.

Mit Maßnahmen der sekundären Prävention kümmern sich die Verantwortlichen um Heranwachsende, die verhaltensauffällig sind und randalieren, für ihre kriminellen Taten bislang jedoch nicht verurteilt wurden. Weil junge Menschen ohne Schulabschluss häufiger straffällig werden, versucht man beispielsweise die jungen Rowdys durch kürzere Unterrichtseinheiten bei Laune zu halten – und so dennoch zum Abschluss der Schule zu bewegen. Besondere Priorität haben auch Lerneinheiten, in denen die Jugendlichen lernen, miteinander in Kontakt treten und Konflikte zu lösen, ohne dass gleich die Fäuste fliegen oder das Messer gezückt wird. Lehrer und Sozialarbeiter müssen frühzeitig reagieren, um zu verhindern, dass sich die Straftaten allmählich hochschaukeln – und eben aus dem Dieb am Ende kein Mörder wird.

Die tertiäre Prävention versucht schon straffällig gewordene Jugendliche vor einer erneuten Tat zu schützen. Das Jugendstrafrecht bietet dafür eine Vielzahl an erzieherischen Maßnahmen: Der Richter schickt den Täter in einen Antigewaltkurs, zur Suchttherapie oder zum Sozialtraining. Arbeitsstunden und die Zahlung von Schmerzensgeld an das Opfer sind weitere Maßnahmen.

Durch den Aufenthalt in einem geschlossenen Heim möglichst weit entfernt vom eigenen Kiez soll der weitere Kontakt zu kriminellen Freunden unterbunden werden. Auch psychotherapeutische Behandlungen können die Rückfallquoten – im Vergleich zum Standardvollzug – deutlich verringern.

Reicht das nicht, stehen ein mehrwöchiger Arrest oder eine mindestens sechsmonatige Gefängnisstrafe an. Diese Form der Strafe verhindert Rückfälligkeit allerdings nicht sonderlich effektiv, denn im Knast treffen die Jugendliche häufig »alte Bekannte«.

Anfang Mai 2010 eröffnete in Vechta das erste geschlossene Heim für kriminelle Kinder in Niedersachsen. Bis zu sieben Kinder werden von zwölf Mitarbeitern betreut; ein Therapieplatz kostet 300 Euro pro Tag und Kind. Die Kosten übernehmen die Jugendämter. Betreiber ist das Caritas-Sozialwerk Lohne. Die Sicherungsanlagen sind eher unauffällig, abgesehen von einer hohen Mauer um das Heim.

Ambulante Sanktionen können weitere Straftaten demnach besser verhindern als Haftstrafen. Denn häufig entwickeln sich die Jugendlichen erst im Gefängnis zu richtigen Problemfällen. Eines erreichen weder ambulante noch geschlossene Maßnahmen: die begangene Straftat wieder wett, das Leid des Opfers rückgängig zu machen.

Folgender Fakt ist bei aller Dramatik allerdings ebenfalls zu berücksichtigen: Auch wenn ihre Biographie »typisch« ist und die Jugendlichen eine ganze Anzahl von Risiken aufweisen, wird nur ein kleiner Teil von ihnen tatsächlich (dauerhaft) straffällig. Es sind also nicht die Umstände, die darüber entscheiden, ob jemand zum Täter wird oder nicht. Es sind die jungen Menschen selbst, die ihre Zukunft entwickeln.

6.2 | Relevante Gesetze für Opfer, Helfer und Nichthelfer

Es gibt verschiedene Gesetze, die Opfer von Straftaten und Helfer für ihr Leid entschädigen. Als Laienhelfer haben Sie keine Anzeige zu befürchten, wenn Sie nicht ausreichend oder falsch geholfen haben. Wohl aber, wenn Sie nichts getan haben: Nichthelfer können strafrechtlich wegen unterlassener Hilfeleistung belangt werden. Der Täter wird nach den Regeln von Zivil- und Strafrecht verurteilt. Mithilfe des Strafrechts verfolgt der Staat alle rechtswidrigen Taten, die beispielsweise Leben, Eigentum und Sicherheit seiner Bürger gefährden. Das Zivil- oder Privatrecht klärt Schuld und Unschuld zwischen Menschen. Hier verklagt nicht der Staat den Täter, sondern der einzelne Bürger. Die folgende Auflistung gibt einen Überblick über die relevanten Gesetze. Sie ist nicht vollständig und soll keine Rechtsberatung ersetzen. Sobald ein Ermittlungsverfahren gegen Sie angestrengt wird, sollten Sie sich deshalb anwaltlich beraten lassen.

Das Opfer

Zivilklage
Opfer eines Gewaltdelikts, die eine körperliche oder seelische Schädigung erlitten haben, können den Täter zivilrechtlich be-

langen und Schmerzensgeld fordern. Das Problem: Der Kläger, also das Opfer, ist in der Bringschuld und muss damit die Tat beweisen.

Opferentschädigungsgesetz (OEG)

Opfer eines Gewaltdelikts haben einen Anspruch auf Entschädigung nach dem Opferentschädigungsgesetz (OEG). Den Antrag auf Opferhilfe gemäß OEG stellen Sie bei der Versorgungsverwaltung Ihres Bundeslandes. Die Entschädigung wird durch den Staat geleistet. Die Ansprüche erstrecken sich auf Ersatz der Heil- und Krankenbehandlung sowie auf Rentenleistungen oder Hinterbliebenenrente. Liegt die Straftat länger als ein Jahr zurück, wird erst ab Antragstellung bewilligt. Allerdings stellen nur zehn Prozent der Gewaltopfer einen entsprechenden Antrag: Weil sie das Gesetz nicht kennen, weil die Antragstellung langwierig ist und weil die Anträge häufig abgelehnt werden. Im vergangenen Jahr wurden nur knapp 40 Prozent der Anträge bewilligt. Die Entschädigungen sind relativ niedrig: Bei einer Erwerbsminderung um 100 Prozent erhält der Geschädigte beispielsweise eine Einmalzahlung von 6000 Euro.

Täter-Opfer-Ausgleich (TOA)

Der Täter-Opfer-Ausgleich (TOA) bringt Opfer und Täter außergerichtlich an einen Tisch. Außerdem ist immer eine dritte unparteiische Person anwesend: vom Jugendamt, der Rechtsbeihilfe oder ein Bewährungshelfer. Hier soll sich der Täter mit seiner Tat und dem Leid des Opfers auseinandersetzen. Der TOA wird selten praktiziert. Denn die Täter haben oft keine Lust und viele Opfer scheuen sich, dem Täter noch einmal gegenüberzutreten. Täter und Opfer können sich bei einem TAO auf eine Entschuldigung, Schmerzensgeld, Schadensersatz oder Arbeitsleistung einigen, um den Schaden zu mildern. Ein vor einer Verhandlung stattgefundener TOA wirkt sich häufig mildernd auf das Strafmaß aus.

Tipps für Opfer:
- Informieren Sie schnell die Polizei und erstatten Sie Anzeige.
- Fertigen Sie ein Gedächtnisprotokoll an, denn Details vergisst man rasch.
- Nehmen Sie einen Anwalt, der auf Strafrecht spezialisiert ist.
- Streben Sie ein sogenanntes Adhäsionsverfahren an. Hier können zivilrechtliche Ansprüche, die aus einer Straftat erwachsen, statt in einem eigenen zivilgerichtlichen Verfahren gleich im Strafprozess verhandelt werden.

Der Helfer

Auch der Helfer kann eine Zivilklage gegen den Täter anstreben sowie OEG und TOA in Anspruch nehmen, um für sein Leid entschädigt zu werden. Zusätzlich greift beim Helfer die gesetzliche Unfallversicherung.

Gesetzliche Unfallversicherung (GUV)
Wer als Nothelfer anderen beisteht und dabei selbst geschädigt wird, ist durch die gesetzliche Unfallversicherung (GUV) geschützt. Die GUV erstattet die Kosten für Heilbehandlungen, erfüllt Rentenansprüche und leistet Schadensersatz für die Sachschäden, die Ihnen als Helfer durch den Einsatz entstanden sind. Dazu zählen beispielsweise die Kosten für die Reinigung eines

verschmutzten Mantels, den Sie einem Verletzten untergelegt haben, oder die Arzt- und Behandlungskosten, falls Sie sich beim Helfen verletzt haben. Den Antrag stellen Sie bei der Gemeinde. Sie sollten grundsätzlich beides – GUV und OEG – beantragen. Beide bewilligen unterschiedliche Leistungen. Bei einem positiven Bescheid haben Sie Anspruch auf die jeweils höhere Leistung.

Tipps für Helfer:
- Erstatten Sie gegebenenfalls Anzeige.
- Konsultieren Sie eventuell einen Anwalt für Strafrecht.
- Fertigen Sie ein Gedächtnisprotokoll an, denn Details vergisst man rasch.

Wenn Sie weitere Informationen und Tipps brauchen, können Sie sich beispielsweise an die Opferhilfe »Weißer Ring« wenden. Der gemeinnützige Verein unterstützt Opfer und Nothelfer dabei, ihre Ansprüche durchzusetzen. Er bietet außerdem eine persönliche Betreuung sowie Sachleistungen.

Wichtige Fragen, die Sie als Zeuge beantworten können sollten:
- Beobachten Sie die Situation genau!
- Wer hat tatsächlich geschlagen?
- Wer hat die Täter angefeuert?
- Wer hat versucht die Täter zu stoppen?
- Wer hat welche Waffe benutzt?

Prägen Sie sich das Aussehen der Täter genau ein, und achten Sie auf:
- die Kleidung,
- die Größe,
- das Alter,
- die Sprache,
- Tätowierungen, Bart, Brille usw.,
- die Fluchtrichtung,
- das Fluchtmittel (Fahrrad, Skateboard, U-Bahn).

Wenn aus Helfern Täter werden

Wird der Helfer in einer Notsituation handgreiflich, kann das rechtliche Folgen haben. Der Staat belangt ihn unter Umständen wegen Körperverletzung strafrechtlich. Das Opfer kann zivilrechtlich gegen ihn vorgehen. Im Paragraf 32 des Strafgesetzbuches heißt es: »Wer eine Tat begeht, die durch Notwehr geboten ist, handelt nicht rechtswidrig. Notwehr ist diejenige Verteidigung, die erforderlich ist, um einen gegenwärtigen rechtswidrigen Angriff von sich oder einem anderen abzuwehren.« In Notwehr dürfen Leben, Gesundheit, Eigentum und Ehre verteidigt werden. Sollten Sie es beim Verteidigen des Opfers jedoch übertreiben, indem Sie den Täter zusammenschlagen oder eine Waffe benutzen, wird das ein rechtliches Nachspiel für Sie haben.

Hannover, Dezember 2009. Tim G. (16) wollte zwei Freunde vor einem Schläger schützen, trat den Angreifer – und muss sich jetzt dafür vor Gericht verantworten: Die Staatsanwaltschaft Hannover hat ihn wegen gefährlicher Körperverletzung angeklagt. Nach Ansicht der Staatsanwälte hat der –

folgenlos gebliebene – Fußtritt in den Hintern des Angreifers die Grenze zivilcouragierten Handelns überschritten.

Der Nichthelfer

Falls Sie bei einem Unglücksfall tatenlos zusehen, kann das strafrechtliche Konsequenzen für Sie haben. Denn wer bei Unglücksfällen keine Hilfe leistet, obwohl diese erforderlich und dem potenziellen Helfer zuzumuten ist, den kann das Gericht zu einer Freiheitsstrafe bis zu einem Jahr oder einer Geldstrafe verurteilen. Die konkrete Strafzumessung bestimmt der Richter anhand der Tatumstände (Schwere, Folgen etc.) und Ihrer persönlichen Umstände (Vorstrafen, Verhalten nach der Tat, persönliches und wirtschaftliches Umfeld etc.).

6.3 | Zehn Tipps des sicheren Handelns

So helfen Sie richtig, ohne sich selbst in Gefahr zu bringen oder mit dem Gesetz in Konflikt zu geraten:

1. Verschaffen Sie sich zunächst einen Überblick über das Geschehen. Versuchen Sie abzuschätzen, ob die Situation eskalieren könnte.

2. Stellen Sie Öffentlichkeit her. Ziehen Sie die Aufmerksamkeit von Passanten auf die Situation und sich selbst, indem Sie zum Beispiel »Hilfe!« oder »Feuer!« rufen und mit lauter Stimme sprechen.

3. Halten Sie Abstand zum Angreifer. Er kann Ihnen nur etwas tun, wenn Sie Körperkontakt haben. Solange Sie sich von ihm fernhalten, sind Sie in Sicherheit. Das gilt insbesondere, wenn Waffen im Spiel sind oder es mehrere Gegner gibt.

4. Duzen Sie den Täter nicht. Dadurch könnte er sich provoziert fühlen – und die Situation eskalieren. Passanten könnten außerdem glauben, dass es sich um eine private Auseinandersetzung handelt und Ihnen deshalb nicht zu Hilfe eilen.

5. Fassen Sie den Täter nicht an. Dadurch haben Sie Körperkontakt – und können direkt von ihm angegriffen werden. Für die Umstehenden ist die Situation nicht mehr eindeutig, sie werden daher wahrscheinlich nicht eingreifen.

6. Rufen Sie per Handy die Polizei (110) und/oder den Rettungsdienst (112). Achten Sie beim Absetzen des Notrufes immer auf die sieben Ws.

7. Sitzen Sie in einer U- oder S-Bahn, dann ziehen Sie im Fall eines Ereignisses die Notbremse. In Bus oder Straßenbahn wenden Sie sich direkt an den Fahrer.

8. Prägen Sie sich genau ein, wie der Täter aussieht, ob er prägnante Merkmale hat, wie zum Beispiel eine schiefe Nase, und was für Kleidung er trägt. Im besten Fall fertigen Sie schnell ein Gedächtnisprotokoll an, denn selbst auffällige Details vergisst man rasch.

9. Stellen Sie sich als Zeuge zur Verfügung. Ihnen erwachsen daraus keine Nachteile, auch wenn sich ein Verdacht als unbegründet, eine Beobachtung als unzutreffend herausstellt.

10. Beschränken Sie Ihre Hilfe darauf, eine Straftat zu verhindern. Werden Sie nicht selbst handgreiflich.

6.4 | Zuckerbrot und Peitsche

Interview mit Johann Krieten, Jugendrichter am Amtsgericht Hamburg, zuständig für den Stadtteil St. Pauli.

Herr Krieten, die aktuelle Polizeistatistik berichtet von einem leichten Rückgang der Jugendgewalt. Macht Ihnen das Hoffnung?
Von einem Rückgang merke ich hier nichts. Die Aktenstapel werden weder weniger noch sind die Akten dünner. Die Gewaltbereitschaft unter Jugendlichen ist eher gestiegen. Die Hemmschwelle der Täter sinkt; sie sind ihren Opfern gegenüber immer gleichgültiger. Aus einem nichtigen Anlass heraus überschreiten sie Grenzen, die vor zehn Jahren noch geachtet wurden. Wer damals am Boden lag, der hatte verloren, das reichte aus. Heute wird nachgetreten, bis der andere kaum noch ein Lebenszeichen von sich gibt.

Viele haben ein Messer dabei.
Ja, und wenn man sie darauf anspricht, heißt es, sonst fühle ich mich nicht sicher. Damit sind wir mittendrin in der Gewaltspirale. Ich fühle mich nicht sicher, also habe ich ein Messer dabei. Erlebe ich eine kritische Situation, dann fühle ich mich noch unsicherer. Aber ich gehe nicht aus der Situation raus und haue ab, sondern zücke lieber das Messer. Und bevor der andere auf mich losgeht, steche ich schon mal zu.

Öffentlichkeit und Politik fordern härtere Strafen für diese Täter.
Wozu? Das Jugendgerichtsgesetz reicht völlig aus. Ich kann Täter bis zu zehn Jahren Gefängnis verurteilen. Wer Höchststrafe bis zu

15 Jahren, den Warnschussarrest und die Verurteilung von Zwölfjährigen fordert, der hat den Sinn des Gesetzes für jugendliche Straftäter nicht verstanden: Wir sollen und wollen erziehen und nicht nur einsperren. Glauben Sie wirklich, dass fünf Jahre mehr Knast einen besseren Menschen aus einem Täter machen? Ein höheres Strafmaß schreckt die Leute doch nicht davon ab, zuzuschlagen oder zuzustechen. Kein Täter überlegt vorher: »Wenn ich ein bisschen weniger zuhaue, werde ich auch weniger bestraft.« Der überlegt sich höchstens, wie groß das Risiko ist erwischt zu werden.

Was machen Sie mit so einem Gewalttäter?
Zuerst einmal schaue ich mir ihn und seine Situation genauer an: Ist das seine erste Tat oder ist er Wiederholungstäter? Aus welchen familiären Verhältnissen kommt er? Geht er regelmäßig zur Schule? Oft haben die Täter, die bei mir landen, schon eine kriminelle Karriere hinter sich: Raub, Diebstahl und Überfälle als 10-, 12-Jährige. Die Delikte steigern sich mit der Zeit. Sind sie 14, kann ich reagieren: Verhandlung, Konfrontation mit dem Opfer, ein Antiaggressionstraining oder Arbeitsstunden. Machen sie nicht mit, gehen sie in den Arrest.

Und was, wenn einer sagt, okay, dann gehe ich eben für die zwei Wochen in den Arrest? Stören sich die Täter überhaupt an ihren Strafen?
Es gibt einige, denen das egal ist. Die bringe ich dann auswärtig unter. Sie dürfen ihren Kiez und die angrenzenden Stadtteile dann für ein paar Monate nicht mehr betreten. Hauen sie dort ab, droht ihnen Untersuchungshaft. Ich gebe ihnen oft eine weitere Chance, eine Bewährungsstrafe mit Auflagen, was sie zu tun oder zu lassen

haben. Verstoßen sie auch dagegen, gehen sie in Strafhaft. Das sind dann aber keine zwei, drei oder vier Wochen, sondern mindestens sechs Monate. Dann sieht die Welt schon anders aus.

Womit können Sie denn die Täter erreichen?
In der Regel mit einer klaren Ansprache. Und mit Konsequenzen im Hinblick auf ihr Handeln. Das geht damit los, dass sich im Sitzungssaal Täter und Opfer begegnen. Wenn der Angeklagte hört, wie das Opfer unter seiner Tat leidet, wie derjenige, der bisher ausgezeichnet Fußball gespielt hat, jetzt aufgrund seiner zertrümmerten Hüfte nicht mehr spielen kann und sich dadurch sein ganzes Leben verändert hat, dann ist das häufig sehr nachhaltig.

Das nutzt dem Opfer eher wenig.
Ich verpflichte den Angeklagten dazu, an das Opfer Zahlungen zu leisten, und zwar über einen längeren Zeitraum, so dass er jeden Monat wieder daran erinnert wird, was er getan hat. Kann er die nicht zahlen, muss er einen Kredit aufnehmen und kann den dann durch Arbeitsstunden abstottern.

Wie treten die jungen Leute denn bei einer Gerichtsverhandlung auf?
Diese junge Frau, deren Akte hier liegt, die hat mich in der Gerichtsverhandlung geduzt. Ich habe sie dann zweimal verwarnt, beim dritten Mal gab's wegen ungebührlichen Verhaltens vor Gericht ein Ordnungsgeld. Und wenn sie das nicht zahlt, geht sie in Ordnungshaft. Chef, weißt du, Chef, hör mal – so etwas gibt es bei mir nicht. Die sollen ihren Kaugummi rausnehmen und die Kapuze abnehmen, wenn sie bei mir in der Verhandlung sitzen. Außerdem ist der Gerichtssaal keine Peepshow, in dem man

als junge Frau mit tiefem Ausschnitt auftaucht. Den Angeklagten wird im Gerichtssaal schnell klar, dass das keine Kasperle-Veranstaltung ist, sondern dass es nach den Regeln der Strafprozessordnung geht.

Viele der Verfahren vor dem Jugendstrafgericht werden eingestellt. Eine Aufforderung für die Jugendlichen, einfach weiterzumachen?
Ich stelle fast jedes zweite Strafverfahren ein. Die Einstellung ist der gesetzliche Normalfall. Es gibt aber immer eine Sanktion. Bei der Begründung der Maßnahme finde ich sehr drastische Worte. Wenn der Täter nicht weiß, wann wir uns das letzte Mal gesehen haben und was ich ihm damals gesagt habe – ich weiß es auf jeden Fall. Das Signal heißt: Ich nehme dich und deine Tat ernst. Ich kenne meine Pappenheimer. Ich weiß, wer sich hinter welchem Spitznamen verbirgt; ich weiß, wer mit wem auf dem Spielplatz hockt und Drogen bunkert. Solange einer auf St. Pauli lebt, bin ich für ihn zuständig. Und wenn er nach einem Jahr wiederkommt, sitze ich immer noch da, und es gibt eine härtere Sanktion.

Gehen Sie denn auch raus auf die Straße?
Ich tauche hin und wieder im Stadtteil auf. Laufe einfach umher oder gehe dahin, wo sich die Jugendlichen treffen: Beim Park Fiction, beim Hans-Albers-Platz oder auf dem Hein-Köllisch-Platz. Neulich war ich in einem Lokal auf der Reeperbahn, um einen Verurteilten zu besuchen, der dort arbeitet. Es spricht sich rum, dass da jemand präsent ist, der die Verhältnisse kennt. Dem man schmalzige Geschichten erzählen kann, von denen man fettige Haare bekommt.

Wenn die Jugendlichen bei Ihnen landen, ist es meist schon zu spät.
Also, bei den Intensivtätern ist es manchmal zu spät, aber nicht immer. Nehmen wir mal an, da ist einer, der zu Hause geschlagen wurde, der in Schulen ging, die froh waren, wenn sie ihn wieder los waren, der Jugendeinrichtungen besucht hat, die nicht mit ihm klarkamen. Wenn ich solch einen Jugendlichen intensiv begleite, ihm klare Regeln vorgebe und genug Personal habe, um ihn zu betreuen, hat er gute Chancen. Wenn ich aus diesem Gewalttäter im Laufe der Zeit einen Dieb, aus dem Dieb nur noch einen Graffiti-Sprayer und aus dem Sprayer schließlich nur noch einen Schwarzfahrer machen kann, dann ist das ein Erfolg.

In der Kriminalitätsstatistik fallen vor allem männliche Migranten als Gewalttäter auf. Sind das auch Ihre Hauptklienten?
Ich schätze, dass drei Viertel der Gewalttäter Migranten sind. Sie haben vorher fast immer selbst unter Gewalt gelitten, meist in der eigenen Familie. Sie kennen also keinen anderen Mechanismus, als auf Gewalt mit Gewalt zu reagieren. Hier müssen wir ansetzen: Verhindern, dass Kinder und Jugendliche Gewalt erleben, vernachlässigt werden, lieblos aufwachsen. Noch haben wir vor allem männliche Täter, die Mädchen holen aber auf.

Hauen die auch einfach drauf?
Nein, die Gewalt junger Frauen ist subtiler; sie erniedrigen und quälen mehr. Sie spucken in einen Mülleimer und lassen ein anderes Mädel die Rotze auslecken. Sie nehmen einen Siegelring und ritzen »fuck me« auf den Bauch ihres Opfers. Sie lassen ein Mädchen an der Bushaltestelle niederknien und immer wieder sagen, von wem sie denn alles gefickt wurde. Hier habe ich einen Fall lie-

gen, bei dem ein Mädchen verdächtigt wird, ein anderes zur Prostitution gezwungen zu haben.

Wenn Sie sich etwas wünschen könnten, was sollte sich im Jugendstrafrecht ändern?
Ich wünsche mir mehr geschlossene Einrichtungen, in denen mit den Jugendlichen gearbeitet werden kann. Und zwar von vornherein, nicht erst unter Haftandrohung. Die müssen aus ihrem Wohnumfeld, ihrem kriminellen Umfeld raus. Die Bande müssen gekappt werden, damit sie überhaupt eine Chance haben, zu sich zu kommen. Und ich wünsche mir Mentoren, erfahrene Menschen mit Augenmaß. Gerade wenn es darum geht, Straftäter mit Migrationshintergrund zu betreuen, brauchen wir mehr Leute, die auch die kulturellen und religiösen Besonderheiten des Täters kennen.

7 Aufmerksam von Anfang an

> *»Leider ist es eine typisch deutsche Eigenschaft,*
> *den Gehorsam schlechthin für eine Tugend zu halten.*
> *Wir brauchen die Zivilcourage, Nein zu sagen.«*
> Fritz Bauer

7.1 | Das starke Ich

Auf dem Schulhof einer Grundschule in Berlin Moabit herrscht Riesentrubel. Feueralarm, rund 360 Kinder freuen sich über die unverhoffte Pause. Bis auf die Kinder der 3a: Sie wollen lieber mit »Faustlos« weitermachen. Um Wut ging es dabei und was man tut, wenn ein anderes Kind den Platz geklaut hat. In dem wöchentlichen Programm lernen alle Kinder der Schule, wie es sich anfühlt, wenn man keine Freunde hat, ausgetrickst wird oder zornig ist. Vor allem aber erfahren sie, was man konkret dagegen machen kann: Erst einmal Luft holen, langsam rückwärts zählen, an etwas Schönes denken.

In Rollenspielen setzen die Sprösslinge das Gelernte um. »Anders als in Mathe oder Deutsch sind die Kinder hier mit ihrer Person und ihren Emotionen gefordert«, sagt die Erzieherin Anja P. »Sie verlieren die Scheu, über Gefühle zu sprechen und entwickeln neue Lösungen für Konflikte, bei denen sie bisher vielleicht zugeschlagen hätten.«

Strategien gegen Zorn und Wut

Das Programm »Faustlos« läuft erfolgreich an insgesamt 3500 bundesweiten Kindergärten und Grundschulen. Angelehnt an das amerikanische Projekt »Second Step« lernen schon Kindergartenkinder spielerisch, sich in andere einzufühlen und diese zu verstehen. Die Erzieher vermitteln ihnen Strategien, die eigenen Impulse zu kontrollieren sowie Wut und Ärger gewaltlos auszuleben. »Schon nach ein paar Monaten verfügen die Kinder über mehr soziale Kompetenzen«, sagt Manfred Cierpka, Professor der Universität Heidelberg. »Aggressives Verhalten lehnen sie zunehmend ab.« Cierpka hat das Projekt entwickelt und über acht Jahre wissenschaftlich evaluiert.

Für jeden Schritt im Leben gäbe es mittlerweile ein Spezialtraining, ein Programm oder einen Coach, monieren Kritiker. Selbstbewusstsein, Toleranz, Hilfsbereitschaft und Mitgefühl, die im Zentrum von Trainings wie »Papilio«, »Fairplayer« oder »aufgschaut« stehen, seien doch Werte, die eigentlich im Elternhaus vermittelt werden sollten. Doch wer genauer hinschaut, sieht, wie dringend nötig diese Programme sind: Etwa 15 Prozent aller 3- bis 13-Jährigen sind nur schwer in der Lage, ihre Gefühle zu zügeln, ermittelte das Robert-Koch-Institut. Die Kinder schlagen, treten und verhalten sich wie kleine Rambos.

Zwar wachsen die meisten Kinder in einem Gefüge auf, das sich Familie nennt.[25] Sie ist der entscheidende Rahmen für die kognitive, emotionale, sprachliche und persönliche Entwicklung. Doch Rollenbilder und gesellschaftliche Anforderungen haben sich geändert. Viele Eltern kämpfen täglich: gegen Armut, Arbeitslosigkeit und Existenzängste oder mit der Sucht nach beruflicher Anerkennung, Selbstverwirklichung und Karriere. Für die Kinder bleibt immer weniger Zeit.

»Ich wollte kein Zuschauer mehr sein.« An dieses Zitat von Martin Luther King knüpft das Projekt »Alltagshelden« an. Die Initiatoren veranstalten für Schüler- und Jugendgruppen Seminare rund um das Thema Zivilcourage. In den eintägigen Seminaren kommen Themen wie Streitkultur, Konfliktfähigkeit, Mobbing, Diskriminierung sowie gewaltfreie Handlungsmöglichkeiten zur Sprache. Mit dem Training möchten die Veranstalter den Teilnehmern Mut machen, sich für Toleranz einzusetzen und Zivilcourage zu zeigen.

Die richtigen Weichen stellen

Wie bringen wir unsere Kinder dennoch dazu, sich zu fragen: »Wer, wenn nicht ich?«, anstatt: »Warum gerade ich?«

Wer Kinder ein Gefühl für das Miteinander mitgeben will, muss selbst zivilcouragiert handeln. Sich sichtbar und aktiv für humane und demokratische Werte einsetzen, für die Interessen anderer Menschen eintreten, tagtäglich. »Zivilcourage ist ein Lebensprinzip«, so der Psychoanalytiker Kurt Singer.

Jeder kann etwas tun

Fragt man Kinder, was sie sich unter Zivilcourage vorstellen, hört sich der sperrige Begriff schon deutlich klarer an. »Zivilcourage ist, so zu sein wie Superman und Batman, aber ohne Geld zu verlangen«, sagt ein Fünftklässler. »Zu deiner sozialen Seite neigen, dem

Schwachen deine Hilfe geben, hilfsbereit durchs Leben gehen und anderen Mut machen«, so eine andere Mitschülerin.

Jeden Dienstag in der ersten Stunde tagt der Klassenrat. Probleme in der Klasse, die sich über die Woche angestaut haben, kommen dann auf den Tisch. Gemeinsam beschließt das Schülergremium, welche Strafen verhängt werden müssen. Die von den Mitschülern gewählten Räte tagen allein; Hilfe können sie aber jederzeit von den Lehrern bekommen.

Aufeinander achten. Füreinander da sein. Miteinander lernen. Unter diesem Motto können sich Schüler und Schülerinnen außerdem zum sogenannten Buddy ausbilden lassen, abgeleitet vom englischen »buddy« für »Kumpel«. Mit dem Ziel, den Kindern mehr Verantwortung zu übertragen, gibt es neben Klassenräten sogenannte Lern-Buddys, die jüngeren Schülern helfen. Pausen-Buddys sorgen auf dem Schulhof für Ordnung. Seit 2010 gibt es Buddy in Kooperation mit dem Schulministerium als offizielles Schulprogramm in Nordrhein-Westfalen – sowohl Lehrer als auch Schüler sind begeistert.

Ihr Kind lernt jeden Tag ein Stück Zivilcourage

Doch wie genau macht man das? Es ist eine Illusion, zu glauben, Zivilcourage lasse sich in einem zweitägigen Workshop umfassend erlernen. Zeigen Sie Ihrem Kind stattdessen täglich ein kleines bisschen, was Mut, Verantwortung und Miteinander bedeuten.

Beginnen können Sie damit, sobald Ihr Kind erste soziale Kontakte knüpft. Sie sitzen zum Beispiel auf dem Spielplatz, Ihr dreijähriger Sohn buddelt im Sand. Plötzlich entdeckt er den Bagger eines anderen Kindes. Ihr Sohn schnappt sich das Plastikteil und läuft damit davon. Werden Sie jetzt aktiv: Gehen Sie Ihrem Sprössling hinterher und holen Sie ihn samt Spielzeug in die Sandkiste zurück. Fordern Sie ihn auf, den Bagger zurückzugeben oder zu fragen, ob er damit spielen darf. Schafft er das nicht allein, helfen Sie ihm. Nur wenn Ihr Kind mitmacht, akzeptieren Sie, dass er sich den Bagger leiht.

Ihre 13-jährige Tochter ist ein Wildfang, sie hatte schon als kleines Mädchen immer ihren eigenen Kopf. Zuhause haben Sie viel mit ihr diskutiert. Sie ist es also gewöhnt, dass auch Ihre Meinung als Kind gehört und akzeptiert wird. Seit sie vor einem halben Jahr aufs Gymnasium gewechselt ist, eckt sie mit ihrer offenen Art jedoch zunehmend an. Die Lehrer beschweren sich, dass sie immer das letzte Wort haben will. Stattdessen solle sie lieber mal lernen.

Unterstützen Sie Ihre Tochter darin, den Mund auch weiterhin aufzumachen. Geben Sie ihr aber ein paar gute Tipps: Damit sie mit ihrer Meinung in Zukunft ernst genommen und gehört wird, sollte sie nur dann etwas sagen, wenn sie sich in ihrem Standpunkt sicher ist und gute Argumente hat. Zudem erklären Sie ihr, dass die gute Leistung zwar nicht die Voraussetzung dafür ist, dass man seine Meinung äußern darf. Damit die Lehrer aber nichts zu beanstanden haben, sind gute Noten ein weiterer kluger Schachzug!

Nein zu sagen ist schwer, aber wichtig

Zivilcourage ist das Ergebnis eines lebenslangen Lernprozesses, geprägt von Vorbildern und erlebten Situationen. Versuchen Sie das mit Leben zu füllen, seien Sie Vorbild durch starke Taten im Alltag. Beispiel: Sie sitzen gemeinsam mit Ihrem zehnjährigen Kind im Großraumabteil eines Zuges. Vor Ihnen sitzt ebenfalls eine Mutter mit ihrem Sohn an einem Tisch. Der etwa vierjährige Junge ist unruhig, verkippt seinen Apfelsaft, hampelt auf dem Sitz herum. Die Frau packt das Kind und setzt es grob auf seinen Platz. Dabei schimpft sie heftig mit ihm. Später beobachten Sie, dass sie ihrem Kind permanent mit voller Wucht auf die Finger haut, sobald es die Hände auf den Tisch legt. Ihr eigenes Kind bekommt die Szenen ebenfalls mit.

Was können Sie tun? Sprechen Sie mit Ihrem Kind darüber, dass das Zugfahren wirklich anstrengend ist und Sie den kleinen, unruhigen Kerl gut verstehen können. Erklären Sie, dass aber das Verhalten der Mutter dennoch nicht in Ordnung ist. Sie müsste doch wissen, dass man mit vier Jahren noch nicht stundenlang stillsitzen kann! Außerdem können Sie beiläufig erwähnen, dass Sie es nicht gut finden, dass sie ihr Kind schlägt. Wichtig für die Kommunikation mit Ihrem Kind: Vermeiden Sie, das Verhalten der Frau streng zu verurteilen, die harte Kritik könnte Ihr eigenes Kind verunsichern.

Zivilcourage zu zeigen, gelingt Ihnen in einer solchen Situation, wenn Sie:

- offen sowie tolerant sind und somit in der Lage, genau hinzusehen. Ansonsten würde es Ihnen nicht auffallen, dass im Waggon ein paar Sitze vor Ihnen überhaupt etwas schiefläuft.
- eine eigene Meinung haben und mutig sind, sie auch öffentlich

Das starke Ich

zu äußern. Sie haben eine Vorstellung davon, wie Kinder zu behandeln sind. Schläge und Gewalt gehören nicht dazu. Diese Meinung vertreten Sie deutlich.
- innerlich stark genug sind, auch mal gegen den Strom zu schwimmen. In dem Zug fahren mehrere Eltern und Kinder mit. Doch Sie sind offenbar die einzige Mutter, die mit der Situation nicht einverstanden ist. Außer Ihnen schert sich kein anderer Fahrgast um die brutale Frau.
- keine Angst haben, Nein zu sagen oder sich auch mal zu irren. Es könnte ja sein, dass Sie mit Ihrer Vermutung falschliegen und die beiden lediglich so tun, also bloß spielen.

Wer sozial mutig handelt, tut dies nicht unbedingt aus rationalen Gründen, sondern weil er davon überzeugt ist, in diesem Moment das Richtige zu tun. Beispiel: Bekommt Ihr pubertierender Sohn zum Beispiel mit, dass in seinem Schülernetzwerk ein Mitschüler von anderen Jugendlichen mit peinlichen Videos bloßgestellt wird, meldet er das umgehend dem Netzwerk. Das bedeutet noch nicht, dass die Hetzjagd im Netz ein Ende nimmt. Ihr Sohn aber hat getan, was er in dem Moment tun musste.

Für viele zivilcouragierte Menschen spielen Tugenden wie Hilfsbereitschaft, Fürsorge, Wahrhaftigkeit oder Unabhängigkeit eine große Rolle. Andere haben ihre Kindheit als eine Zeit voller Geborgenheit, Liebe und Zuwendung erlebt. Wieder andere erinnern sich daran, dass zu Hause lebhaft politisch diskutiert wurde. »Sie wurden ermutigt, eigenständig zu handeln, etwas auszuprobieren und dabei Fehler zu machen«, schreibt Singer in seinem Klassiker »Zivilcourage wagen«. »Die Kinder erfuhren: Ich werde gehört, ich werde ernst genommen.« Nur wer diese Erfahrungen macht, bildet sich eine eigene Meinung. Nur mit einer eigenen Meinung kann man sich abgrenzen, auch mal Nein sagen, zivilcouragiert auftreten.

Meinungsbildung statt Befehlskultur

Wie wichtig es ist, dass die Eltern ihren Kindern nicht stumpf befehlen, sondern sich mit ihnen auseinandersetzen und sie zu ehrlichen Gesprächen einladen, beschreibt auch der deutsche Philosoph Karl Jaspers.

> *»Mein Vater, unbewusst für uns, unbeabsichtigt von ihm, war uns ein Vorbild. Ohne Kirche, ohne Bezugnahme auf eine objektive Autorität, galt als das Böseste die Unwahrhaftigkeit. Und fast ebenso schlimm: blinder Gehorsam. Beides durfte es nicht geben! Daher war unser Vater unendlich geduldig gegenüber meinem Widerstand. Wenn ich widersprach, kam nicht der Befehl, sondern die Begründung, warum das vernünftig sei.«*[26]

Aufmerksamkeit von Anfang an

»Jetzt hör endlich auf damit!« Haben Sie Kinder? Dann kennen Sie diesen Spruch. Viel zu häufig reden wir mit unseren Kindern nur dann, wenn wir etwas nicht wollen: Wenn sie nicht beim Telefonieren stören, wenn sie nicht mit den Fingern auf die Scheibe fassen, wenn sie nicht kippeln sollen. »Wenn wir uns dem Kind nur dann zuwenden, wenn es etwas Negatives tut, wird es das immer wieder tun«, sagt der Universitätsprofessor für Entwicklungspsychologie und Klinische Psychologie Herbert Scheithauer aus Berlin. »Denn es lernt, dass wir ihm nur Aufmerksamkeit schenken, wenn es sich danebenbenimmt.« Zukünftig wird sich das Kind also immer wieder über sein negatives Verhalten bemerkbar machen.

Expertentipp:
Sprechen Sie Ihr Kind vor allem dann an, wenn es etwas geschafft hat. Dadurch verstärken Sie sein Verhalten positiv. Die Wissenschaft spricht hier vom »positive parenting«. Seien Sie möglichst jederzeit für Ihr Kind emotional erreichbar, aber bitte authentisch. Das heißt: Sie brauchen Ihre Sprösslinge nicht permanent loben, denn dadurch werden Sie unglaubwürdig. Berechtigte Kritik ist durchaus erwünscht. Damit Ihr Kind eine innere Stärke entwickeln kann, braucht es Ihre klare Haltung: Positives Verhalten ist willkommen, negatives ignorieren Sie bis zu einem gewissen Maß und bestrafen es nicht übertrieben. So weiß Ihr Kind, woran es ist. Es kann sich selbst wertschätzen lernen, sich an Ihnen orientieren und eine eigene Meinung bilden.

Vor allem kleine Kinder müssen sich darauf verlassen können, dass Sie in jeder Situation für sie da sind, egal ob sie sich freuen oder traurig sind, ob sie lachen oder weinen. Können Eltern das traurige Verhalten ihrer Kinder nicht aushalten und weisen es in solchen Momenten zurück mit Worten wie: »Das ist doch nicht so schlimm«, merken sich die Kleinen das und unterdrücken diese Art von Gefühlen zukünftig. Kann sich dagegen Ihr Kind in allen Lebenslagen auf Sie verlassen, dann wird es sich zu einem vertrauensvollen und selbstsicheren Menschen entwickeln.

Expertentipp:
Typisches Beispiel und häufig Anlass für den ersten Zoff in Sachen Erziehung: Wenn Ihr Baby schreit, nehmen Sie es nach wenigen Minuten hoch. Auch auf die Gefahr hin, dass Ihre Schwiegermutter Sie dann ermahnt, das Kind nicht gleich von Beginn an zu verwöhnen – setzen Sie sich gegen sie durch, denn Ihre Fürsorge hat nichts mit Verwöhnen zu tun. Säuglinge sind noch nicht dazu in der Lage, ihre Gefühle selbst zu regulieren. Sie sind also darauf angewiesen, dass Sie Ihrem Baby Wärme und Zuneigung geben und sich um es kümmern.

Nach und nach lernen Kinder, mit ihren Gefühlen selbst umzugehen. Hat das Baby viele positive Erfahrungen mit Ihnen gemacht, kann es sich peu à peu aus seiner Abhängigkeit zu Ihnen entfernen. Es lernt ganz von allein, sich auch mal selbst zu trösten, wenn Mama nicht bei jedem Schreien sofort ins Zimmer kommt.

Expertentipp:
Reagieren Sie mit Feingefühl, der Situation entsprechend und vor allem prompt auf die Signale Ihres Kindes. Freuen Sie sich mit ihm, aber nicht übertrieben. Trösten Sie es, wenn es danach verlangt.

Mit jedem Tag entwickelt Ihr Kind seine Persönlichkeit ein bisschen weiter, hat eigene Wünsche und Vorstellungen. Sie als Eltern werden das kennen: Jahrelang konnten Sie Ihrem Mädchen süße Kleidchen anziehen, es nach Ihrem Geschmack kleiden und hübsch machen. Spätestens mit fünf Jahren ist Schluss damit. Ihre Tochter will nur noch Leggings und lange Hosen anziehen, Punkt. Die Kleider und Röcke zerrt sie selbstbestimmt aus dem Schränkchen und schenkt sie ihrer Freundin im Kindergarten.

Expertentipp:

Bestärken Sie Ihren Sprössling darin, nachzufragen, seine eigene Wahrheit zu finden, statt blind zu gehorchen. Im Fall der Kleiderordnung müssen Sie nun wohl akzeptieren, dass Ihr Kind mitbestimmen will. Binden Sie es beim nächsten Hosenkauf gleich in die Entscheidung ein. Befindet es sich einmal auf einer falschen Fährte, begründen Sie, warum Sie diesen Weg für unvernünftig halten, anstatt ihm einen anderen zu befehlen. Natürlich hat das auch seine Grenzen: Im Winter sollten Sie Ihre Tochter selbstverständlich nicht ohne Strumpfhose gehen lassen, auch wenn sie fest davon überzeugt ist, dass ihr auch ohne im Schnee warm genug sei.

Expertentipp:

Sicher, manchmal kann Toleranz auch anstrengen, vor allem wenn Sie selbst Ärger haben oder unzufrieden sind. Reagieren Sie daher mal spontan, unangemessen und übertrieben ärgerlich, ist das nicht schlimm. Erklären Sie Ihrem Kind aber, warum Sie sich so verhalten. Erzählen Sie ihm kurz, wie Ihre Stimmung ist. Entschuldigen Sie sich, wenn es dafür einen Grund gibt. Nur so lernt Ihr Kind, dass niemand perfekt ist, auch nicht die eigenen Eltern. Und es merkt auch, dass Sie als Eltern zu Ihren Fehlern stehen, dass Sie Verantwortung für Ihr Handeln übernehmen und dass Sie das eigene Tun reflektieren.

In der Schule leben und lernen

Haben Kinder erst einmal die Grundzüge sozialen Verhaltens verinnerlicht, können sie das Gelernte auch in ihren Alltag übertragen, also in der Schule, bei Freunden oder im Sportverein.

Lukas hat lange stillgehalten, heute muss er seinem Ärger Luft machen. Seit Wochen fühlt sich der Viertklässler von seinem Mitschüler Marius bedrängt und provoziert. Ständig schleicht dieser um ihn herum, will Lukas' Freund sein, um wenig später Streit mit ihm zu suchen. Lukas ist im Zwiespalt. Einerseits will er Marius nicht wegstoßen und fühlt sich schlecht, wenn er ihn wegschickt. Andererseits belastet ihn die Belagerung des Mitschülers. »Ich kann nicht eine Stulle in Ruhe essen, weil Marius sofort meine Wurst haben will«, sagt Lukas. Nach und nach bekommen auch die Mitschüler mit, was hier vor sich geht. Sie sympathisieren mit dem ohnehin beliebten Lukas. Marius fühlt sich gemobbt. Schließlich hat ihre Lehrerin die rettende Idee: Statt den Jungs den Kontakt miteinander zu verbieten, entwirft sie für jeden einen Bogen zur Selbsteinschätzung. Täglich vermerkt Lukas darauf, wie gut es ihm heute gelungen ist, Nein zu sagen und Marius klar seine Grenze aufzuzeigen. Marius hingegen muss einschätzen, wie erfolgreich er die Signale von Lukas gehört hat, und ob er sich daran halten konnte. Wenige Wochen später sitzen die beiden Jungs einträchtig nebeneinander auf dem Schulhof. Als Lukas' Mutter ihren Sohn später fragt, wie es heute mit Marius ging, schaut der sie entgeistert an. »Was soll sein, Mama, Marius ist mein Freund.«

Was Lukas und Marius in den letzten Wochen gelernt haben, ist ein typisches Beispiel für soziales Lernen. Um sich später in unserer komplexen Welt und der vielschichtigen Gesellschaft zurechtzufinden, sollten Kinder in der Schule nicht nur Mathe, Deutsch und Geschichte lernen. Mindestens genauso wichtig ist es, dass ihnen Eltern, Lehrer und Erzieher auch soziale Kompetenzen vermitteln.

Nur wenn Kinder schon in jungen Jahren sogenannte Soft Skills wie Selbstbewusstsein, kommunikative Kompetenz, Kritikfähigkeit und Einfühlungsvermögen erlernen, werden sie sich privat und beruflich durchsetzen.

Gemeinsam zu mehr sozialer Kompetenz

Vorbildlich wird soziales Lernen zum Beispiel am Annette-von-Droste-Hülshoff-Gymnasium in Dülmen im Münsterland umgesetzt. Soziale Kompetenzen fordern und fördern – das ist in Dülmen mehr als ein Schlagwort. Es gibt Streitschlichter, Klassenpaten und jüngere und ältere Schüler arbeiten im Team. Viele Schüler engagieren sich in ihrer Freizeit beispielsweise für Senioren; dieser Einsatz ist vom Lehrerkollegium erwünscht und wird gefördert. Für die ehrenamtlichen Aufgaben, die sich die Schüler selbst suchen, werden sie für eine Wochenstunde vom Unterricht freigestellt. Stärkung der Persönlichkeit, Konfliktsensibilisierung, konstruktives Sozialverhalten, individuelle Berufsvorbereitung, Suchtprävention – an der Ganztagsschule in Dülmen haben Lehrer und Schüler gemeinsam diese Worthülsen mit Leben gefüllt. Die Arbeit wurde belohnt: 2009 erhielt die soziale Schule ein Gütesiegel für individuelle Förderung des Schulministeriums Nordrhein-Westfalen.

Auch viele andere Bildungseinrichtungen versuchen, den Kindern das zu geben, was sie für einen aufrechten Gang in ihrem späteren Leben benötigen. Je früher sie über diese Fähigkeiten verfügen, umso besser.

Frühe Hilfe verhindert spätere Delinquenz

Wie wichtig es ist, dass Erzieher, Lehrer und Sozialpädagogen schon früh sozial schwache Kinder unterstützen, zeigt eindrücklich das Perry Preschool Project aus den USA. Für dieses Langzeitprojekt wurden 1962 in Ypsilanti, Michigan, USA insgesamt 123 Kinder zwischen drei und vier Jahren aus ärmeren afroamerikanischen Familien in das Projekt eingeschlossen. 58 Kinder bekamen die Möglichkeit, in einem Lernhaus selbstständig zu lernen. Außerdem besuchten die Lehrer die Familien wöchentlich zu Hause und gaben Tipps zur Ernährung, Erziehung und Gesundheit. Die anderen erhielten keine Unterstützung.

Die Studienergebnisse waren beachtlich: Nach 35 Jahren waren die Kinder aus der Fördergruppe signifikant seltener für kriminelle Delikte verurteilt und inhaftiert worden, waren beruflich erfolgreicher und lebten öfter in Beziehungen als diejenigen aus der Kontrollgruppe.

Die Ergebnisse bestätigen die Erkenntnisse der aktuellen Wissenschaft. In den vergangenen zehn Jahren konnten Hirnforscher und Entwicklungspsychologen nachweisen, wie wichtig es für die Ausbildung des Gehirns ist, wie und wofür ein Kind dieses benutzt. Entwickeln Kinder also bestimmte Fähig- und Fertigkeiten, weil sie wie beim Perry Preschool Project gefördert werden, dann hinterlässt das im Gehirn Spuren – ähnlich wie auf einer viel befahrenen Autobahn. »Es sind vor allem die eigenen Erfahrungen, die unsere Kinder prägen«, sagt der Göttinger Neurowissenschaftler Gerald Hüther. »Und es ist das Meistern von Herausforderungen, was die Kinder stärkt.«

Zum Zeitpunkt der Geburt ist das menschliche Gehirn noch unfertig. Nahezu alles, worauf es im späteren Leben ankommt, muss es lernen und als eine neue Erfahrung abspeichern. Einer aktuellen Studie zufolge sind schon Babys mit zwölf Monaten in der Lage, auf Kosten anderer ihre eigenen Ziele zu verfolgen. »Allein durch die Erfahrungen, die sie innerhalb weniger Monate in ihren Familien machen, haben sie gelernt, wie sie sich verhalten müssen, damit sich das Leben lohnt«, sagt Hüther.

Die Initiative Fairplayer soll Mobbing bei älteren Schülern und in Jugendgruppen verhindern und körperlicher, psychischer und sozialer Gewalt vorbeugen. Mithilfe von Materialien und Rollenspielen setzen sich die Schüler mit Themen wie Gewalt und Zivilcourage auseinander. Das von Professor Herbert Scheithauer entwickelte Programm bezieht alle Klassenmitglieder mit ihren Lehrern und Betreuern ein. Fairplayer ist bei den siebten bis neunten Klassen bis zu einem halben Jahr in den Lehrplan integriert. Fairplayer wurde 2003 gegründet und kommt bundesweit zum Einsatz.

Lernen durch Begeisterung

Die Forschungen des Neurobiologen Gerald Hüther verdeutlichen, wie entscheidend der spätere Lebensweg eines Kindes davon abhängt, was ihm schon zu Beginn seines Lebens geboten wird. »Unser Gehirn vernetzt sich, denkt und arbeitet so, wie wir es benutzen«, sagt Hüther. »Neue Vernetzungen bilden sich dann rasch heraus und werden fest verknüpft, wenn das, womit wir uns intensiv beschäftigen, uns sehr begeistert«, so der Wissenschaftler.

Herausforderungen in Schule und Freizeit zu meistern, positive

Erfahrungen zu machen und neue Nervenzell-Netzwerke im Gehirn zu bilden, geht mit Spaß und Lust an der Sache besonders gut. Denn Spaß ist der Motor aller positiven Entwicklung.

Wie gut das funktioniert, beweist ein Modellversuch in der Nähe von Chicago. Seit vielen Jahren trainieren die rund 21 000 Schüler des kleinen Städtchens Naperville täglich etwa 40 Minuten ihre Fitness. Das Training ersetzt nicht die anderen Sportangebote wie Rugby, Tischtennis oder Volleyball, sondern findet zusätzlich statt. Die Erfolgsbilanz ist beeindruckend: Die Schüler aus Naperville gewinnen überdurchschnittlich oft Mathematikwettbewerbe, es gibt deutlich weniger übergewichtige Kinder als im restlichen Land und die Gewalt an den lokalen Schulen ging in den vergangenen zehn Jahren radikal zurück. Das Geheimnis dahinter? Ihre Sportnote erhalten die Schüler nicht dafür, wie schnell sie die 100 Meter rennen oder wie viele Körbe sie beim Basketball werfen. Stattdessen orientiert sich die Zensur daran, wie gut jeder einzelne Schüler sich im Laufe der Zeit verbessert. Die Trainer messen die persönlichen Leistungen zu Beginn und am Ende des Jahres und vergleichen diese miteinander. Jedes Kind ist dadurch angespornt, das eigene Können zu verbessern – und merkt gar nicht, dass sich das auf alle anderen Fächer und sein Sozialverhalten überträgt.

Das Leben ist bunt, für jede Situation hält es eine andere Lösung, einen alternativen Weg bereit. Nicht jede Situation können wir beeinflussen oder verändern, auch wenn wir uns noch so gut darauf vorbereiten und bemühen. Entscheidend ist: Die gute Absicht zählt. Eine kanadische Untersuchung zeigte, dass schon Kleinkinder mit 21 Monaten spüren, wie gut man es mit ihnen meint. Offenbar ist Menschen selbst in diesem zarten Alter die gute Absicht wichtiger als die eigentliche Handlung.

7.2 | Verantwortlich Handeln im Alltag

Achtsam miteinander umgehen, Rücksicht nehmen, die Meinung des anderen ernst nehmen – damit Kinder diese Regeln nicht nur in der Theorie kennenlernen, brauchen sie Vorbilder. Die Kinder haben ein sehr gutes Gespür, ob Sie als Eltern oder Erzieher sich im Alltag rücksichtsvoll und tolerant verhalten. Zeigen Sie ihnen, dass Sie es können! Dann werden auch die Kinder entsprechend reagieren.

Beispiel 1:

Sie und Ihr fünfjähriger Sohn fahren mit dem Fahrrad beide auf dem Bürgersteig zum Kindergarten. Und das, obwohl Sie wissen, dass das nur Kindern erlaubt ist. Dennoch haben Sie nicht das Gefühl, etwas Unrechtes zu tun. Schließlich kann der Kleine erst seit wenigen Wochen einigermaßen sicher Rad fahren. Außerdem liegen Radweg und Straße gerade auf diesem Wegstück relativ weit auseinander. Ihnen kommt zu Fuß ein Polizist entgegen und hält Sie an. Er will Ihnen eine Ordnungsstrafe aufbrummen. Natürlich sind Sie sauer, würden den Polizisten am liebsten fragen, ob er nichts Wichtigeres zu tun hat. Trotzdem sollten Sie ruhig bleiben – Ihrem Kind zuliebe. Versichern Sie dem Beamten, dass Sie sich im Klaren darüber sind, einen Fehler gemacht zu haben. Ihr Sohn wird aus der Situation einiges lernen: Es gibt Regeln, die jeder einhalten muss. Und wer das nicht tut, hat mit Konsequenzen zu rechnen.

Beispiel 2:

Sie gehen mit Ihrer Tochter zusammen auf den Markt. Sie kaufen frisches Gemüse und ein Huhn ein für zusammen fünfzehn Euro. Sie reichen dem Händler einen 20-Euro-Schein, er gibt Ihnen zehn Euro zurück. Sie merken sofort, dass er sich verrechnet hat und machen ihn auf den Irrtum aufmerksam. Der Mann bedankt sich mehrmals, denn er ist nur ein Angestellter und hätte die Differenz von seinem Tageslohn zahlen müssen. Ihre Tochter hat den Irrtum fast genauso schnell gemerkt wie Sie, schließlich ist sie eine gute Kopfrechnerin. Durch Ihre Reaktion wird ihr klar, wie wichtig es ist, aufrichtig zu sein – und das selbst bei einem relativ geringen Betrag von fünf Euro.

Beispiel 3:

Sie sind mit Ihrem Sohn unterwegs. Kurz vor der U-Bahn-Station finden Sie einen Pullover auf dem Gehweg. Sie sehen sich suchend um, rufen noch ein paar Passanten, die vor Ihnen laufen, zu, ob der Pullover ihnen gehöre. Doch keiner vermisst das Kleidungsstück. Sie heben den Pullover auf und hängen ihn gut sichtbar an das Geländer der U-Bahn-Station.

»Die ganze Welt ist voller Sachen, und es ist wirklich nötig, dass jemand sie findet.« Mit diesem Spruch von Astrid Lindgren sind Sie nicht ganz einverstanden. Denn irgendjemand wird genau diesen Pullover vermissen – und sich freuen, ihn wiederzubekommen. Ihr Sohn lernt aus dieser Situation, dass man Fundsachen nicht einfach behält, auch wenn der Besitzer nicht zugegen ist. Zusätzlich schärfen Sie damit den Gemeinsinn Ihres Sprösslings.

Beispiel 4:

Ihre Kinder spielen im Hofeingang Ihres Mehrfamilienhauses Fußball und zerdeppern dabei die Lampe, die über dem Hauseingang hängt. Zuhause erzählen die Jungs, dass die Lampe allein von der Decke gefallen sei; an ihrem Gesichtsausdruck erkennen Sie allerdings, dass das eine Notlüge ist. Das machen Sie den beiden auch klar. Außer Ihnen hat niemand den Vorfall mitbekommen, Sie könnten die Sache also auf sich beruhen lassen. Sie informieren aber dennoch den Hausmeister, auch auf die Gefahr hin, dass Ihnen Ihre Haftpflichtversicherung kündigt. Die Buben begleiten Sie dabei. Denn nur so lernen sie, dass man für seinen Bockmist geradestehen muss – und dass das eigentlich gar nicht so schlimm ist.

Mobbing auf dem Schulhof

Deine Klamotten gehen gar nicht, du stinkst, mach dich vom Acker – Mobbing unter Kindern und Jugendlichen ist weit verbreitet. Die Außenseiter werden von ihren Mitschülern gehänselt, geschlagen oder sogar beklaut. An weiterführenden Schulen ist bereits jeder Dritte schon einmal von Klassenkameraden schikaniert worden. Meist sind die Opfer über einen längeren Zeitraum die Zielscheibe für Spott, Hohn und tätliche Übergriffe. Der Begriff Mobbing leitet sich vom englischen Verb »to mob« ab und steht für schikanieren oder anpöbeln. Beim Mobbing tragen nie zwei gleichberechtigte Partner einen Konflikt aus – vielmehr schikanieren ein oder mehrere Mobber einen Einzelnen.

In der Gruppe fühlen sie sich stark und überlegen. Wichtig: Das Wort Mobbing ist zunehmend zu einem Modewort geworden. Doch sich zu hänseln ist unter Schülern auch ein Stück weit normal, nicht jeder Zickenkrieg fällt darunter.

Mobbing im Netz

Immer öfter findet Mobbing auch im Internet statt. Beleidigungen, peinliche Fotos oder üble Nachrede – die neuen Medien machen es Jugendlichen leicht, den anderen fertigzumachen. Das Cybermobbing per SMS, E-Mail oder in Chats ist weitverbreitet: Bei einer Untersuchung der Universität Münster gab rund ein Drittel der befragten Schüler an, schon einmal Opfer geworden zu sein. Je länger die Opfer verspottet werden, desto schuldiger fühlen sie sich. Statt also das Mobben zu thematisieren, ziehen sie sich zurück, zweifeln an sich selbst und fühlen sich minderwertig. Weil die Kids nicht mehr in die Schule gehen wollen, täuschen sie Krankheit vor oder schwänzen den Unterricht. Dadurch lassen ihre Leistungen in der Schule nach. Schlafstörungen, Kopf- und Magenschmerzen sowie Ängste und Depressionen sind weitere Folgen.
Damit die Spirale der Demütigungen und Selbstvorwürfe ein Ende nimmt, müssen Betroffene ihr Schweigen brechen, sich Eltern, Lehrern oder Schulpsychologen anvertrauen. Wer in einem Internet-Netzwerk verhöhnt wird oder merkt, dass andere dieses Schicksal erleiden, sollte das den Verantwortlichen der Seite melden.

7.3 | Mit kleinen Gesten aufeinander achten

Iris Berben ist seit Jahrzehnten eine der erfolgreichsten und bekanntesten Schauspielerinnen Deutschlands. Mindestens genauso lange vermittelt sie zwischen jüdischer und deutscher Kultur, setzt sich gegen Rassismus, Antisemitismus und für mehr Zivilcourage ein.

Was treibt Sie an zu Ihrem Engagement jenseits der Bühne?
Zivilcourage gehört zu meinem Leben. Seit Jahren beschäftige ich mich damit, engagiere mich gegen das Vergessen und für mehr Miteinander. Mal auf größeren Lesungen, mal auf kleinen Veranstaltungen. Motiviert werde ich immer wieder von engagierten und klugen Menschen, die ich dabei kennenlerne.

Wie steht es hierzulande generell um Zivilcourage?
Leider gibt es immer noch viel mehr Menschen, die kaum etwas von Zivilcourage gehört haben oder die sich nicht verantwortlich fühlen. Es müssen wohl erst so schmerzhafte Ereignisse wie in München-Solln geschehen, bis die Öffentlichkeit sich mit Themen wie diesem auseinandersetzt.

Ist München-Solln ein Zeichen dafür, dass es uns an Zivilcourage fehlt?
Die Diskussion der vergangenen Monate ist mir persönlich fremd. Ich bin mit Zivilcourage aufgewachsen, das Thema war Teil meiner Erziehung, etwas Selbstverständliches für mich. Doch in der heutigen Gesellschaft scheint Zivilcourage nicht mehr ver-

ankert zu sein. Es ist etwas Besonderes, wenn man nach dem anderen schaut, wachsam ist und sich gegen Ungerechtigkeiten wehrt.

Dabei ist Zivilcourage aus keiner Gesellschaft wegzudenken. Es ist paradox: Durch soziale Netzwerke und die Medien wissen wir immer mehr voneinander. Das sollte uns eigentlich die Chance geben, offener, gelassener und liberaler miteinander umzugehen. Doch das Gegenteil ist der Fall.

Ist München logische Konsequenz dieser gegenseitigen Missachtung?
Nein. Ich hoffe nicht, dass unsere Gesellschaft schon so verroht ist, dass solche Ereignisse Alltag sind. Aber es zeigt, wie einige Menschen hierzulande miteinander umgehen. Viele Leute leben in großer Verunsicherung, haben finanzielle Nöte, Angst vor dem sozialen Abstieg. Dass ihre Kapazitäten begrenzt sind, sich um andere Menschen zu kümmern, ist verständlich. Dennoch sind gerade in schlechten Zeiten Werte wie Zivilcourage und Aufmerksamkeit wichtig für den Zusammenhalt einer Gesellschaft.

Spielen Werte in unserer Gesellschaft keine Rolle mehr?
Ich weiß es nicht. Wenn Familien heute aber abends nicht mal mehr zusammen essen, geschweige denn miteinander reden, bleiben Tugenden und Werte sicherlich auf der Strecke. Wer soll den Kindern das denn vermitteln?

Ist das nicht demotivierend für Ihre Arbeit?
Sicherlich, meine Arbeit gegen das Vergessen ist eine Sisyphusarbeit. Sie fragen mich, ob ich darin einen Sinn sehe. Ja, das tue ich. Denn es geht nicht darum, auf Ergebnisse zu reagieren. Es geht da-

rum, eine Haltung einzunehmen. Und gemeinsam weiterzukommen, auch wenn es nur ein kleines Stück ist.

Wie hat sich bei Ihnen eine Haltung entwickelt?
Ich bin zeitweise bei meinen Großeltern aufgewachsen, die sieben Kinder großgezogen haben. Ohne darüber nachzudenken, welche Werte sie mitgeben müssen, lebten sie mir vor, worum es im Leben geht: Dass es selbstverständlich ist, sich umeinander zu kümmern. Meine ersten Reisen nach Israel konfrontierten mich dann mit unserer Geschichte, von der ich bis dato in der Schule noch nicht viel gehört hatte. Durch diese Erfahrungen hat sich bei mir eine Haltung entwickelt, sie haben mich zu dem gemacht, was ich bin.

Ist es vielen Menschen egal, was um sie herum passiert?
Das kann ich nur vermuten. Ich beobachte eine Verunsicherung unter vielen jungen Menschen. Sie wissen weder, was die Gesellschaft von ihnen erwartet, noch, was sie selbst wollen – und verlieren jeglichen Antrieb. Ich habe auch viel gezweifelt – zum Beispiel als ich alleinerziehende Mutter war. Aber ich bin an den Aufgaben gewachsen, habe neue Wege für mich entdeckt und viel dabei gelernt. Die Zeiten haben sich sehr verändert: Damals mussten die Menschen wach sein, sie haben angepackt, gemeinsam gekämpft für den Wiederaufbau. Heute kämpft jeder allein um seine Existenz – oder steckt gleich den Kopf in den Sand.

Wie kommen wir wieder zu mehr Zivilcourage?
Es gibt nicht die eine Antwort auf die Frage, wie Menschen wieder aufmerksamer miteinander umgehen. Zivilcourage, Empathie,

Aufmerksamkeit für andere, das sind natürliche Zustände, keine Besonderheiten. Viele Wege führen dorthin, wenn wir nur eine Regel beherzigen: keine Angst zu haben vor der Fremde, vor Menschen, die anders sind als man selbst.

Hat Zivilcourage mit Heldentum zu tun?
Nein. Zivilcourage hat meines Erachtens weder mit Heldentum noch mit Mut zu tun. Ich bin überhaupt nicht mutig und stark. Wenn wir Zivilcourage als etwas Heroisches vermitteln, überfordert das die Menschen. Wir sollten eher mit kleinen Gesten darangehen, spielerisch aufeinander achtgeben.

Wie können Eltern ihren Kindern das vermitteln?
Kinder müssen Dinge entdecken, sich ausprobieren, etwas selbstständig schaffen. Sie müssen sich auch einmal irren dürfen. Erst eigene Erfahrungen ermöglichen ihnen, sich offen auf Neues oder Anderes einzustellen. Eltern sollten ihre Sprösslinge deshalb aus ihrer gewohnten Komfortzone befreien und ihre Neugierde fördern. Kinder profitieren, wenn sie sich Dingen zuwenden, die sie bisher noch nicht kennen und daher vielleicht fürchten.

Sie sollen sich Dingen zuwenden, vor denen sie Angst haben?
Ja, denn sie werden schnell feststellen, dass das Neue, Ungewisse und Unvertraute ihnen Angst macht. Wenden sie sich dem zu, verliert es diese Macht. Toleranz und Offenheit ebnen Menschen den Weg, miteinander klarzukommen, ganz gleich wie unterschiedlich sie sind. Wir haben nur ein Leben, wir haben nur diesen einen Planeten, es geht also nur gemeinsam.

Fühlen Sie sich als Frau des öffentlichen Lebens verantwortlich, auf diese Zusammenhänge hinzuweisen?
Nein, das ist keine Frage meiner Öffentlichkeit, aber ich benutze sie. Sicherlich ist es in unserer marktschreierischen Welt für mich insofern einfacher, ein Thema in das Bewusstsein anderer zu bringen. Doch die Aufmerksamkeit nervt mitunter auch: Für die Öffentlichkeit bist du Projektionsfläche, die Medien nageln dich auf ein Thema fest, erwarten, dass du Position beziehst. Manchmal fühlt man sich wie eine Figur, die bei Bedarf aus der Schublade gezogen wird.

Sie haben ein Buch über Frauen geschrieben, die sich für die unterschiedlichsten Dinge engagieren.[27] Wollten Sie von Ihrer eigenen Person ablenken?
Ja, ein bisschen. Man hat mich immer wieder gedrängt, eine Autobiographie zu schreiben. Deshalb gefiel mir die Idee, engagierten Frauen eine Stimme zu geben, die nicht so bekannt sind wie ich. Also ein Sprachrohr zu sein für zivilcouragierte Frauen. Auch hier ist völlig offen, was und wen wir damit erreichen. Sicher gibt es einige Menschen, die in der Lesung zwei Stunden lang ergriffen sind, wenn sie hören, wie die Protagonistinnen gegen die Mafia gekämpft, den Genozid in Ruanda überlebt haben oder als Nonne in China gefoltert wurden. Wenn das Publikum dann zu Hause ist, hat die Hälfte den Grundgedanken des Buches – sich für etwas einzusetzen – längst wieder vergessen. Dennoch dokumentieren die Menschen eine Haltung, indem sie zur Lesung kommen oder sich das Buch kaufen.

Was also raten Sie jungen Menschen, die noch nicht wissen, wohin ihr Weg führen wird?
Hinhören, was die anderen sagen, und dann einen eigenen Weg finden. Kritische Fragen stellen, rebellisch sein, Bestehendes infrage stellen. Denn verändern kann man doch nur etwas, wenn man sich auch mal dagegengestellt. Wir können der nächsten Generation nur eine Idee, vielleicht ein Ziel vorgeben. Wie sie damit umgeht, entscheidet sie selbst.

8 Passende Worte, richtige Taten

*»Stärke wächst nicht aus körperlicher Kraft –
vielmehr aus unbeugsamem Willen.«*
Mahatma Gandhi

8.1 | Die beste Strategie gegen Gewalt

Nachmittags an einer S-Bahn-Unterführung nahe der Innenstadt. Ein etwa 45-jähriger Mann nähert sich einer jungen Frau. Er hält sie fest, drückt sein Gesicht an ihres, beschimpft sie: Du miese kleine Hure. Er beginnt das Mädchen zu würgen. Gurgelnde Laute dringen aus ihrer Kehle; sie scheint völlig hilflos. Plötzlich lässt der Mann von ihr ab.

Was wie ein echter Überfall aussieht, ist »nur« ein Experiment, das unter Psychologen durchaus umstritten ist. Initiiert vom Hamburger Zivilcourage-Trainer Jens Mollenhauer und seiner Tochter. Jens Mollenhauer ist Polizist bei der Hamburger Polizei; in seiner Freizeit bietet er Präventionstrainings für Kinder und Erwachsene an. Häufiger gehen Mollenhauer und seine Tochter gemeinsam unter die Leute, testen mit gestellten Szenen die Reaktionen von Passanten – und erleben immer wieder dasselbe: Meist greift niemand ein. Oder die Helfer reagieren in einer Weise, die sie in einem realen Überfall selbst in Gefahr gebracht hätte.

Bundesweit bieten Behörden, Schulen und Institutionen Präventionstrainings an, die den Bürger in seinem Alltag für eine potenzielle Gefahrensituation wappnen sollen. Die Trainings vermitteln, wie man sich gewaltfrei schützen und richtig sowie sicher helfen kann, wenn andere in Not sind: Welche körperlichen Signale kann ich aussenden, um gar nicht erst zum Opfer zu werden? Sollte ich den Täter ansprechen oder lieber nicht? Wie helfe ich am besten, ohne mich selbst in Gefahr zu bringen? Selbstverteidigungstechniken machen dagegen meist nur einen Bruchteil von seriösen Seminaren aus – oder werden gar nicht gelehrt. Trainer warnen zudem vor Crashkursen. Denn sowohl Selbstverteidigung als auch Intensivkurse führen mitunter zu einem trügerischen Sicherheitsgefühl. Die eigene »Leistung« wird überschätzt, eine Gefahrensituation schnell falsch bewertet.

Ein starkes Ich ist der beste Schutz

Ein Leben ohne Gefahren gibt es nicht. Doch jeder weiß dank seines gesunden Menschenverstandes, wie er bedrohliche Situationen abwendet, dass man bestimmte Orte und Menschen besser meidet und eine beleuchtete Hauptstraße nachts die bessere Wahl ist als der kurze Nachhauseweg durch den dunklen Park. Unser Alltag ruft uns ständig dazu auf, abzuwägen und Kompromisse einzugehen. Wer mit einem gewissen Selbstvertrauen durchs Leben geht, wird kein Problem haben, sich mal für den einen, mal für den anderen Weg zu entscheiden.

Sobald Kinder da sind, wird das Vertrauen in die eigene Entscheidung oft empfindlich auf die Probe gestellt. Viele Eltern fragen sich, wie der Nachwuchs wohl am sichersten durchs Leben kommt: Kindersitz, Schwimmflügel, Fahrradhelm. Gleichzeitig müssen Eltern ihren Sprösslingen vermitteln, dass nicht alle Menschen so lieb sind wie Mama und Papa und die Welt nicht immer so rosig aussieht wie die Tapete in ihrem Kinderzimmer. Allerdings überträgt sich eine übertriebene elterliche Ängstlichkeit schnell auf die Kinder. Wer in einer Hasenfuß-Familie aufwächst, wird häufig selbst zum Hasenfuß.

Wer stattdessen mit seinen Kindern liebevoll umgeht und sie zu selbstbewussten Menschen erzieht, leistet wertvolle Vorarbeit. Denn nur wenn ein Kind seine persönlichen Grenzen einschätzen lernt, kann es Nein sagen. Ein starkes Ich versetzt es in die Lage, sich gegen Belästigung und Bedrohung zu behaupten, ganz gleich ob sie von fremden Menschen oder gar Angehörigen ausgeht. Wer indes selten getröstet und wenig geliebt wird und dadurch ein labiles Selbstwertgefühl entwickelt, ist stärker gefährdet.

Diese Grundausstattung wappnet die Kinder für den Alltag. Speziell auf Kinder zugeschnittene Trainings – durchgeführt im Kindergarten und der Schule – arbeiten ebenfalls in diese Richtung. Hier lernt der Nachwuchs, auf sein Bauchgefühl zu hören und Nein zu sagen. Singend, spielend, tanzend entwickeln die Kinder innere Stärke und trainieren sicheres Verhalten. Weil Übergriffe häufig durch Menschen aus dem persönlichen Umfeld stattfinden – Verwandte, Bekannte und Erzieher –, ist es wichtig, dass die Kleinen auch dann den Mut haben, sich zu wehren.

Zeig dich stark!

Studien zufolge entscheidet ein Angreifer binnen 20, 30 Sekunden, wen er angreift. Täter suchen sich keine Gegner aus, sondern Opfer: Obdachlose, Behinderte, Kinder und Jugendliche. Die Schwachen der Gesellschaft, die Unterlegenen. Ein selbstbewusstes Auftreten dagegen vermittelt dem Angreifer das Gefühl, dass er es mit einer starken Persönlichkeit zu tun hat – mit der er kein leichtes Spiel haben wird.

Ein Sexualstraftäter beschreibt seine Überlegungen vor einem Zugriff wie folgt: Ich habe mir die Frau schon im Bus ausgesucht. Sie hat sich nicht getraut, mir in die Augen zu schauen, hat aus dem Fenster geschaut und wirkte sehr nervös. Wäre sie mir dagegen selbstbewusst und selbstsicher erschienen, hätte ich mir die wohl nicht ausgesucht.

Signalisieren Sie deshalb mit Ihrer Körperhaltung und Ihrem Blick: Vor dir habe ich keine Angst. Im Präventionstraining lernen Sie in Rollenspielen, sogenannte Antiopfersignale auszusenden. Wer die im Folgenden genannten Signale beherrscht, schreckt den Täter ab:

- (zielgerichtetes) Weglaufen oder auf den Täter zugehen,
- ernst und konzentriert bleiben,
- Blickkontakt suchen, ohne zu provozieren,
- gerade Körperhaltung und festen Stand einnehmen,
- klar und verständlich sprechen,
- laute, ruhige Stimme,
- ruhige und tiefe Atmung.

Wenn Sie hingegen Angst haben, versuchen Sie diese vor dem Täter zu verbergen. Klar, das ist leichter gesagt als getan. Doch können Sie verräterisches Verhalten verhindern, wenn Sie wissen, wie es aussieht: Ständiges Umdrehen, hastiges Weggehen oder ein niedergeschlagener Blick sind klare Indikatoren für Furcht. Dadurch bestärken Sie den Täter in seinem Handeln, da er sich Ihnen überlegen fühlen kann.

Opfersignale:
- ängstliches, zurückweichendes Verhalten,
- eingefallene Schultern, unsichere Haltung,
- nach dem Angreifer umdrehen und schneller gehen,
- niedergeschlagene Augen, fehlender Blickkontakt,
- Zittern, feuchte Hände,
- leise, erstickte Stimme,
- schnelle und flache Atmung.

Korrekter Notruf: Die sieben Ws

Gelangen Sie als Ersthelfer an einen Unglücksort, ist es extrem wichtig, weitere und professionelle Hilfe anzufordern. Machen Sie beim Anruf in der Rettungsstelle Ihre Angaben so genau wie möglich. Jede ungenaue oder fehlende Information kann dazu führen, dass im Einzelfall lebenswichtige Minuten verstreichen. Wir machen Ihnen am Vorfall Dominik Brunner deutlich, worauf Sie besonders achten müssen.

Was ist passiert?
Beschreiben Sie kurz, was passiert ist und wie die Lage ist, damit die Leitstelle Ihnen Rettungswagen, Feuerwehr oder Polizei schickt.

Ein etwa 50-jähriger Mann ist unter den Schlägen zweier Jugendlicher zusammengebrochen. Die beiden haben immer wieder auf den Mann eingetreten, obwohl der schon regungslos am Boden lag. Das Opfer scheint schwer verletzt zu sein.

Wo ist es passiert?
Um zu verhindern, dass das Rettungspersonal zeitaufwendig nach Ihnen suchen muss, sollten Sie den Unfallort so genau wie möglich beschreiben: Geben Sie Ort, Straße/Abzweig sowie Hausnummer und gegebenenfalls das Stockwerk an.

Rufen Sie vom Handy aus an, dann müssen Sie Ihre Angaben besonders genau machen, da Sie mit Ihrem Telefon nicht geortet werden können. Für Autobahnen und Bundesstraßen sind die Kilometerangabe und die Fahrtrichtung von großer Wichtigkeit, denn das Einsatzfahrzeug kann auf der Autobahn nicht wenden.

Die Tat ist am S-Bahnhof München-Solln zwischen Wartehäuschen und Bahnsteiggeländer auf Höhe des ersten Zugdrittels passiert.

Wann ist es passiert?
Wie lange ist das Ereignis her? Kreisen Sie den Zeitpunkt so genau wie möglich ein.

Täter und Opfer sind nachmittags gegen zehn nach vier aus der S-Bahn ausgestiegen. Die Schlägerei hat nur ein paar Minuten gedauert.

Wie viele Verletzte gibt es?
Die Rettungsstelle muss wissen, wie viele Menschen involviert sind. So kann sie die Lage besser einschätzen und genügend Rettungswagen schicken.

Das Opfer ist offenbar schwer verletzt. Die Täter sind flüchtig. Außerdem gehören vier Kinder zu der Gruppe, die unter Schock stehen.

Welche Art der Verletzung?
Schildern Sie vor allem lebensbedrohliche und schwere Verletzungen: Bewusstlosigkeit, Kopfverletzungen, starke blutende Wunden etc. In diesen Fällen schickt die Leitstelle einen Notarzt mit.

Das Opfer hat schwere Verletzungen an Kopf und Oberkörper. Der Mann blutet am Kopf; er ist bewusstlos.

Wer meldet den Notfall?
Bitte nennen Sie dem Disponenten in der Leitstelle Ihren Namen. Sie können natürlich auch anonym bleiben. Ideal wäre dennoch, wenn Sie sich später auch als Zeuge zur Verfügung stellen.

> **Warten auf Rückfragen!**
> Legen Sie nicht sofort auf, sondern warten Sie auf Rückfragen der Leitstelle. Möglicherweise braucht man noch mehr Informationen von Ihnen.

Weglaufen, weglaufen, weglaufen

Es klingt so einfach und wird trotzdem häufig nicht getan: weglaufen. Doch die Flucht ist ein Königsweg des persönlichen Schutzes, vor allem, wenn der Täter mit einer Waffe hantiert oder die Angreifer in der Überzahl sind. Viele Leben hätten in der Vergangenheit durch Flucht gerettet werden können. Doch Weglaufen hat kein gutes Image, insbesondere bei Männern. Nur Angsthasen und Warmduscher rennen davon. Wer hingegen etwas auf sich hält, verteidigt sich. Das starke Geschlecht ist dazu erzogen, den Konflikt »von Mann zu Mann« auszutragen – für den Einzelnen kann das lebensgefährliche Folgen haben.

Der 1,90 Meter große, bullige Mann hatte sich gerade Geld am Automaten geholt, als ihn ein 17-Jähriger anspricht und ihm das Geld abnehmen will. Der Mann lässt sich nicht einschüchtern. Er ist seit über 30 Jahren Polizist und Schwarzgurt-Träger. Diese Ghettokids kennt er, mit ihnen hat er tagtäglich zu tun. Ein Wort gibt das andere, der Jugendliche lässt nicht locker. Da versetzt ihm der Polizist zwei Faustschläge, so dass der Junge zusammensackt. Vorerst – denn ein paar Sekunden später richtet er sich wieder auf, zieht ein Messer und sticht mehrfach zu. Messerstiche, die für den trainierten und erfahrenen Kommissar beinahe tödlich gewesen wären.

Zivilcourage-Trainer predigen deshalb in ihren Kursen: Abhauen ist gewünscht – auch als Mann! Denn ein Täter kann Sie nur attackieren, solange Sie sich in seiner Reichweite befinden. Laufen Sie weg, entziehen Sie sich seinem Angriff. Sie beweisen wahre Stärke, indem Sie die Situation gewaltfrei lösen. Weglaufen ist eine Form von Gegenwehr und signalisiert dem Täter: mit mir nicht! Untersuchungen zeigen, dass viele Täter lediglich in einem Radius von zehn Metern agieren. Entfernen Sie sich in der akuten Situation aus dieser Gefahrenzone, dann haben Sie gute Chancen, unverletzt zu bleiben – auch und vor allem als Mann. Besonders die zielgerichtete Flucht an einen Ort, an dem Sie Unterstützung bekommen – die Kneipe, die belebte Einkaufsstraße oder eine U-Bahnstation –, ist empfehlenswert.

In seltenen Fällen provoziert eine Flucht den Täter und weckt seinen Jagdinstinkt, frei nach dem Motto: Dich kriege ich schon noch! Oder Weglaufen ist nicht möglich, weil Sie in einer einsamen Gegend unterwegs sind und der Angreifer Ihnen läuferisch überlegen ist. Für diese Situation müssen Sie Alternativen parat haben. Achten Sie auf eine selbstbewusste Körpersprache. Bleiben Sie stehen, und signalisieren Sie laut und klar, dass Sie nicht zulassen werden, dass man Ihnen etwas tut. Eine weitere Variante, um die Situation zu deeskalieren: Entfernen Sie sich mit festem Schritt und aufrechtem Gang vom Tatort. Halten Sie Blickkontakt zu dem Täter, damit Ihnen kein Angriff von hinten droht. Zivilcourage-Trainings bieten die Möglichkeit, solche Situationen durchzuspielen und sich Strategien für den Ernstfall zu erarbeiten.

Wichtig außerdem: Sollte ein Täter Sie berauben wollen, geben Sie ihm alles, was er haben will: Schuhe, Handy, Portemonnaie – am besten sofort und ohne jegliche Diskussion. Es sind schon Menschen für ein paar Euro getötet worden, die sie nicht abgeben wollten.

Richtiges Verhalten im Ernstfall

Werden wir angegriffen, reagieren wir mit großer Angst. Angst ist ein lebensnotwendiger Schutzmechanismus. Er sorgt dafür, dass der Körper in einer Gefahrensituation optimal reagiert. Unser Körper schüttet Stresshormone aus: Adrenalin, Noradrenalin und Kortisol durchfluten uns. Wir bekommen eine Art Tunnelblick, das Herz rast, die Atmung geht schneller, sauerstoffreiches Blut durchströmt die Muskeln. Eigentlich stehen alle Zeichen auf Flucht. Ist die Angst allerdings besonders intensiv und bedrohlich, kann sie auch eine sogenannte paradoxe Reaktion hervorrufen. Statt zu rennen, bewegt sich das Opfer keinen Schritt mehr und zeigt Reaktionen, die es in eine noch viel größere Gefahr bringen:[28] Es lächelt den Täter an, um sympathisch zu wirken und so den Angriff doch noch abzuwenden. Es schaut nach unten, um durch den ausbleibenden Blickkontakt so wenig Angriffsfläche wie möglich zu bieten. Es berührt den Täter, um ihn durch den Körperkontakt nachsichtig zu stimmen.

Vertraulichkeiten stacheln den Täter jedoch an. Auch er steht unter extremem Stress. Kommen Sie ihm zu nahe, kann die ohnehin schon gefährliche Situation eskalieren. Lassen Sie sich auf keine Diskussion mit ihm ein, lächeln oder berühren Sie ihn nicht. Der vermeintlich vertrauliche Kontakt könnte zudem umstehende Zuschauer davon abhalten, Ihnen zu helfen. Sie glauben möglicherweise, dass es sich lediglich um einen Streit unter Freunden handelt und gehen einfach weiter. Vermeiden Sie Drohgebärden oder den (sinnbildlich) erhobenen Zeigefinger. Mit dieser Geste der Dominanz signalisieren Sie dem Angreifer: Ich stehe über dir, ich bin etwas Besseres als du. Damit fühlt sich der Täter entwertet und reagiert noch aggressiver.

Passende Worte bei Randale

Sie stören sich daran, dass jemand zu laut Musik hört, dass er in der U-Bahn raucht oder im Eingang eines öffentlichen Gebäudes ausspuckt? Wollen Sie reagieren, ohne dass die Situation eskaliert, sollten Sie versuchen, mit dem Rowdy eine gemeinsame Sprache zu finden. Überlegen Sie sich einen überraschenden Spruch. In vielen Präventionskursen gibt es ein Modul, bei dem Sie für die verschiedensten Situationen Ideen sammeln können – um im Notfall schlagfertig reagieren zu können.

> *Ein älterer Herr spricht in einer U-Bahn eine Gruppe offensichtlich rechts Gesinnter an, die wild randalieren. Er sagt den Männern, dass ihr Gruppenführer es bestimmt nicht gern sähe, wenn sie deutsche Wertarbeit zerstörten. Danach war Ruhe.*

Als zivilcouragierter Mensch sollten Sie Ihre Möglichkeiten jedoch nicht überschätzen. Anders als Erwachsene respektieren viele Jugendliche andere, vor allem ältere Menschen oder Amtspersonen kaum mehr. Normen und Grenzen, die vor Jahren noch galten, werden heute nicht mehr eingehalten. Gerade junge Leute fühlen sich durch Ermahnungen und gut gemeinte Ratschläge provoziert. Schnell entsteht aus einem Wortwechsel ein Streit und aus einem Streit eine Schlägerei. Überlegen Sie vorher, ob Sie in dieser Konstellation eine Chance haben.

Mach dich bemerkbar!

Ein Mann folgt einer Frau, er redet auf sie ein. Die Frau geht weiter, beachtet den Mann nicht. Er läuft ihr dennoch hinterher. Streitet sich hier ein Paar? Diskutieren zwei Arbeitskollegen? Oder ist der Mann ein Fremder, der der Frau bedrohlich nahe kommt? Wer eine solche Szene beobachtet und überlegt einzugreifen, muss sich schnell eine Menge Fragen beantworten: Was passiert hier wirklich? Ist meine Hilfe gefragt, oder störe ich möglicherweise eine private und völlig harmlose Situation? Die meisten Zuschauer werden zurückhaltend reagieren. Doch wenn die Frau plötzlich stehen bleibt und den Mann anschreit, dass er sie endlich in Ruhe lassen möge, sendet sie durch ihre lautstarke Abwehr klare Signale. Erst jetzt wird klar, dass die Frau belästigt wird. »In Deutschland widersprechen lautes Schreien oder das Eindringen in die Privatsphäre den gesellschaftlichen Normen«, sagt Kai J. Jonas, Experte für Zivilcourage von der Sociale Psychologie Universiteit van Amsterdam. »Das hält viele davon ab, einzugreifen. Sie haben Angst, gesellschaftliche Regeln zu brechen und aufzufallen.«

Laut die eigenen Grenzen klarmachen, um Hilfe rufen und andere auf eine Situation aufmerksam machen – unsere Stimme ist die wichtigste natürliche Waffe, über die wir in einer Notlage verfügen. Damit Ihnen die Worte auch in einem überraschenden oder gefährlichen Moment nicht im Hals stecken bleiben, können Sie Ihre Stimme im Präventionskurs oder zu Hause trainieren.

Für eine feste Stimme brauchen Sie Bodenhaftung. Stellen Sie sich fest mit beiden Beinen auf den Boden. Der Abstand zwischen den Beinen sollte etwa hüftbreit sein. Sorgen Sie dafür, dass Sie gerade und dennoch bequem stehen. Drücken Sie die Knie nicht ganz durch. Bereiten Sie sich auf die Sprechübung vor, indem Sie sich eine laute Stimme denken. Rufen Sie nun: »Feuer!«, oder: »Hilfe! Helfen Sie mir, hier braucht jemand unsere Hilfe! Bleiben Sie stehen! Fassen Sie mich nicht an! Stopp! Halt! Kommen Sie mir nicht zu nahe!« Am besten üben Sie das vor dem Spiegel. Schauen Sie sich dabei in die Augen, wie Sie es bei einem Täter oder auf der Suche nach einem Helfer tun würden. Je routinierter Sie sind, desto kraftvoller werden Sie auch in einer überraschenden, angespannten Situation sprechen können.

Gegenwehr: Training erforderlich!

Ein Zivilcourage-Training und klassische Selbstverteidigungstechniken sind zwei völlig unterschiedliche Dinge. Ein mehrtägiger Zivilcourage-Kurs kann Ihnen Handlungsideen für verschiedene Situationen an die Hand geben. Um jedoch Techniken wie Aikido, Judo, Jiu-Jitsu oder Wendo wirklich zu beherrschen, müssen Sie jahrelang trainieren. Die waffenlosen Kampfsportarten haben eine gemeinsame Leitidee: Die aggressive Kraft des Angreifers umzulenken, durch die eigene Energie verstärkt auf den Täter zurückzuführen und ihn so zu überwältigen. Durch effektive Technik, Reaktionsschnelligkeit und Konzentration gelingt es, gefährliche Konflikte gewaltfrei zu lösen. Das Wissen um diese

Fähigkeiten kann das persönliche Selbstvertrauen und Selbstbewusstsein stärken.

Dennoch sollten Sie Ihre Fähigkeiten nicht in falscher Sicherheit wiegen: Heutzutage eskalieren Gewaltsituationen oft, weil die Angreifer beispielsweise ein Messer verwenden oder zu mehreren unterwegs sind. Der 19-jährige Mel D. in Hamburg oder der Nigerianer Emeka Okoronkwo in Frankfurt – beide kamen im Mai 2010 durch ein Messer zu Tode. Selbst wenn beide jahrelang Kampfsport trainiert hätten – an ihrem Schicksal hätte das kaum etwas geändert. In beiden Fällen handelten die Täter überraschend. Und auch gegen eine Horde alkoholisierter Jugendlicher werden Sie wenig ausrichten können. Gehen Sie deshalb solchen Situationen besser aus dem Weg.

8.2 | Selbstverteidigung – der richtige Kurs

Eines vorweg: Es gibt nicht den richtigen Kurs, ebenso wenig wie es die richtige Strategie für eine Gewaltsituation gibt. Dennoch können Sie bei der Wahl des Kurses auf ein paar Dinge achten. Fragen Sie sich als ersten Schritt, warum Sie den Kurs machen und was für Sie dabei herauskommen soll:

- Möchten Sie Handgriffe und Aktionen erlernen, um sich selbst zu verteidigen?
- Geht es Ihnen darum, in entsprechenden Situationen kühl und überlegt zu handeln?
- Sind Sie sich unsicher, wie Sie am besten mit (potenziellen) Angreifern kommunizieren?

- Oder wollen Sie sich vor allem mental stärken, Ihre Angst überwinden und mutig eintreten?

Erst wenn Sie wissen, was Sie selbst für Erwartungen haben, werden Sie sich durch den Dschungel der verschiedenen Kursangebote kämpfen können. Denn die Namen der Kurse sind so vielfältig wie die Inhalte: Vom Selbstbehauptungstraining, Selbststärkungstraining, Antigefährdungstraining, Antigewalttraining, Gewaltpräventionstraining bis hin zu Zivilcouragetraining ist alles dabei.

Reine Selbstverteidigungstrainings sind ungeeignet, um sich auf eine plötzliche Gewaltsituation vorzubereiten. Um Kampfsport in seiner ganzen Komplexität zu erlernen, braucht es viele Jahre – mit einem Wochenendkurs ist Ihnen wenig geholfen. Im schlimmsten Fall überschätzen Sie sich und begeben sich dadurch in Gefahr. Trainings, die Sie für eine Notsituation fit machen, sollten stattdessen möglichst mental stärkende und kommunikative Einheiten integrieren. Hier spielen Sie ganz unterschiedliche Gefahrensituationen gedanklich durch. Das bereitet Sie darauf vor, in den unterschiedlichsten Situationen angemessen und richtig zu reagieren.

Haben Sie einen Kurs im Auge, fragen Sie nach, was im Training passieren wird. Wir haben eine Checkliste zusammengestellt, die Ihnen hilft, sich für den richtigen Kurs zu entscheiden. Ist der Kurs so aufgebaut, dass ...

... Sie ein Probetraining mitmachen können?

... Sie den Kurs durch persönliche Fragen und Erlebnisse mitgestalten dürfen?

... situationsbezogen gearbeitet wird? Sind also Rollenspiele in das Training integriert, in denen Sie Notsituationen proben?

... genug Raum für mentales Training, Kommunikationsstrategien und Entspannungsübungen vorhanden ist?

... nach einer gewissen Zeit ein Auffrischungstraining möglich ist?

... der Trainer viele eigene Erfahrungen einbringt? Welche Qualifikation hat er?

Exemplarisch für die unzähligen Kurse sei hier das Züricher Zivilcourage-Training genannt. Entwickelt wurde es von den Mitarbeitern des Lehrstuhls für Allgemeine Psychologie der Universität Zürich. Das Training soll die Sensibilität für Situationen verbessern, die Zivilcourage erfordern. Hierbei geht es den Trainern nicht darum, die Kursteilnehmer zu Heldentaten zu animieren, sondern diese sollen sich zukünftig trauen, auch in ganz alltäglichen Situationen einzugreifen: Wenn über die Kollegin gelästert wird, wenn fremdenfeindliche Stammtischparolen gedroschen werden, wenn ein behinderter Mann beleidigt wird. Jeder Helfer sollte sich dabei realistische Ziele setzen und durchführbare Strategien überlegen. Die sehen für jeden Einzelnen anders aus: In einer Mobbing-Situation können Sie auf die betroffene Person zugehen und Mitgefühl signalisieren. Sie können aber auch den Mobber und die Mitläufer auf deren Verhalten ansprechen. Oder Sie machen im Team deutlich, dass Sie da nicht mitmachen. Im Zürcher Zivilcourage-Training können Sie ...

... Ihre bisherige persönliche Zivilcourage reflektieren.

... theoretische Hintergründe zu Gewalt und Rassismus erfahren.

... Handlungsmöglichkeiten für kritische Situationen erarbeiten.

... in Rollenspielen und mentalen Simulationsübungen zivilcouragiertes Verhalten trainieren.

... individuelle Verhaltenspläne für zukünftige Situationen erstellen.

Sechs Regeln für mehr Sicherheit im Alltag

1. Gefahrlos handeln: Ich helfe, ohne mich selbst in Gefahr zu bringen.
Versuchen Sie, die Situation zu überblicken und einzuschätzen: Welche Gefahr droht? Wie viele Täter sind involviert? Könnte es sein, dass sie Waffen dabei haben oder alkoholisiert sind?

2. Mithilfe einfordern: Ich spreche andere Menschen an und bitte sie, direkt mit anzupacken.
Nur so geht es. Denn wissenschaftliche Untersuchungen belegen, dass vor allem in großen Gruppen keiner Verantwortung übernehmen will. Jeder glaubt, der andere wird schon helfen. Sprechen Sie deshalb Passanten und Umstehende konkret an. »Sie dort in dem grünen Mantel, können Sie mir bitte helfen?« Wer direkt angesprochen ist, kann sich weniger leicht aus der Affäre ziehen.

3. Genau hinsehen: Ich beobachte und präge mir ein, wie der Täter aussieht.
Alter, Größe, Statur, Herkunft – all das sind wichtige Tätermerkmale, die zu einer Festnahme beitragen können. Was hat er an, wie klingt seine Stimme? Hat er irgendwelche auffälligen Charakteristika: Narben, Tätowierungen? Trägt er Zopf oder hat er eine Glatze?

4. Hilfe holen: Ich setze einen Notruf ab.
Sie erreichen die Polizei unter 110, den Rettungsdienst unter 112. Versuchen Sie, kurz vorher im Kopf noch einmal die sieben Ws zu wiederholen: Wo? Wann? Was? Wie viele (Verletzte)? Welche (Verletzungen)? Wer meldet? Warten auf Rückfragen.

5. Opfer versorgen: Ich erkenne, wer das Opfer ist und kümmere mich.
Spätestens wenn der Täter geflüchtet ist, sollten Sie sich um das Opfer kümmern: Braucht es medizinische Versorgung? Muss ich sofort Erste Hilfe leisten? Wenn Sie sich das nicht zutrauen, fragen Sie laut in die Runde, ob sich zufällig ein Arzt oder ein anderer professioneller Helfer unter den Umstehenden befindet. Bleiben Sie bei dem Opfer und reden Sie mit ihm: Berichten Sie, dass Hilfe naht, es keine Angst haben muss und Sie sich kümmern. Der direkte Kontakt wirkt in dieser Stress- und Schocksituation beruhigend.

6. Als Zeuge mithelfen: Ich stelle mich als Zeuge zur Verfügung.
Stellen Sie sich der Polizei als Zeuge zur Verfügung. Nur wenn jemand den Täter beschreiben und bei einer Gegenüberstellung erkennen kann, kann der Richter ihn später verurteilen. Je genauer Sie den Täter beschreiben können, desto hilfreicher ist Ihre Aussage.

8.3 | Handy, Pfefferspray, Schrillalarm – was hilft wirklich?

Fachleute raten davon ab, sich mit Hilfsmitteln zu verteidigen, da ein Angriff in vielen Fällen völlig überraschend kommt. Bis man die Utensilien parat hat, ist es oft schon zu spät. Außerdem dürfen bestimmte Waffen wie Messer, Schlagstöcke oder Elektroschockgeräte nicht auf Veranstaltungen mitgeführt werden. Tun Sie es doch, machen Sie sich strafbar. Doch nicht nur das: Sind Sie mit dem Gerät ungeübt oder ist der Täter Ihnen körperlich überlegen, kann er Ihnen die Waffe entwinden – um sie dann gegen Sie zu verwenden. Der einzige Vorteil, den die Experten in Sachen Hilfsmittel zur Selbstverteidigung gelten lassen: Sie können das Selbstvertrauen steigern und das eigene Auftreten sicherer machen. Diese innere Sicherheit wird auch nach außen spürbar sein – und hilft im besten Fall, den Angreifer, ohne die Waffe einzusetzen, in die Flucht zu schlagen.

Handy

Wählen Sie für den Notruf die 110 ohne Vorwahl. Beachten Sie beim Melden des Notrufes die 7 Ws: Wo? Was? Wann? Wie viele (Verletzte)? Welche Verletzungen? Wer meldet? Warten auf Rückfragen der Leitstelle!

Das sagt der Experte:
Mit dem Handy können Sie aus sicherer Entfernung Hilfe holen. Fast jeder hat heute ein mobiles Telefon bei sich, meistens ist es auch schnell greifbar. Benutzen Sie Ihr Handy regelmäßig, dann

werden Sie auch in einer Stresssituation damit umgehen können. Die Notrufnummern 110 und 112 funktionieren auch, wenn das Prepaid-Guthaben aufgebraucht ist.

Fazit:
Das Handy ist heute das wichtigste Hilfsmittel in Gefahrensituationen.

Kein Empfang: Was tun?
Handy aus- und wieder einschalten. Statt des PIN-Codes direkt die Nummer 110 oder 112 eintippen oder die Handy-Notruffunktion verwenden. Dann wird automatisch das stärkste verfügbare Betreibernetz gesucht. Falls es noch immer keinen Empfang gibt, laufen Sie in der Gegend umher, bis das Handy wieder empfangsbereit ist. Dann wählen Sie erneut die Notrufnummer. Legen Sie erst auf, wenn der Einsatzleiter der Leitstelle Sie dazu auffordert.

Schrillalarm

Der Schrillalarm sieht auf den ersten Blick wie ein überdimensionierter Lippenstift aus. Die persönliche Alarmanlage sendet einen sehr durchdringenden Ton aus, der so laut wie ein startender Düsenjet sein kann. Damit machen Sie andere Menschen auf Ihre Notsituation aufmerksam und schrecken den Angreifer ab. Diese Schrecksekunde können Sie für die Flucht nutzen.

Das sagt der Experte:
Der Schrillalarm kostet nur ein paar Euro, ist leicht zu bedienen und bringt Sie nicht in Gefahr. Es gibt batteriebetriebene Gerä-

te und solche, die mit Luftdruck arbeiten. Beide Systeme sollten Sie regelmäßig austauschen, damit der Schrillalarm einsatzbereit bleibt. Verwenden Sie hochwertige Batterien, damit das Gerät im Ernstfall auch wirklich funktioniert. Lassen Sie den Schrillalarm nicht in den Tiefen Ihrer Handtasche verschwinden, sondern tragen Sie ihn möglichst griffbreit in Ihrer Jackentasche.

Fazit:
Der Schrillalarm ist eine sinnvolle Anschaffung.

Pfefferspray

Pfefferspray wird in Sprühflaschen mit einer Reichweite von bis zu fünf Metern angeboten. Es enthält den Extrakt der Chili-Pflanze Oleoresin capsicum (OC). Der bekannteste Inhaltsstoff ist das Capsaicin, das in seiner Reinform ungefähr 3000-mal stärker wirkt als reiner Pfeffer. Das Pfefferspray brennt in den Augen sowie der Nase, erschwert das Atmen und brennt auf der Haut.

Das sagt der Experte:
Pfefferspray hat sich als Verteidigungsmittel bewährt. Weil herkömmliches Tränengas nicht sehr verlässlich wirkt, setzt mittlerweile auch die Polizei Pfefferspray in verschiedenen Bundesländern ein. Sie dürfen das Spray lediglich zur Notwehr verwenden. Achten Sie auf die Windrichtung, damit Sie sich nicht selbst gefährden.

Fazit:
Pfefferspray wirkt effektiv, bedarf aber einiger Umsicht, wenn Sie es verwenden.

Messer, Schlagstock, Gaspistole & Co.

Spring- und Fallmesser, Butterflys sowie Totschläger, Stahlruten oder Schlagringe sind in Deutschland grundsätzlich verboten. Auch Schlagstöcke fallen seit April 2008 unter das Waffengesetz. Sie dürfen nur in Ausnahmefällen mitgeführt werden. Solche Ausnahmen sind laut Waffengesetz zum Beispiel »die Berufsausübung, die Brauchtumspflege und der Sport«. Die meisten Stöcke sind zudem unhandlich, schwierig zu verstauen und relativ schwer. Eine Gaspistole ist zwar grundsätzlich erlaubt, doch wollen Sie sie verwenden, müssen Sie diese zunächst entsichern und auslösen. Für Ungeübte könnte das in der Aufregung ein schwieriges Unterfangen sein. Fuchteln Sie vor den Augen des Angreifers mit einer Gaspistole herum, kann eine Situation schnell eskalieren. Denn die Pistole ähnelt einer echten Waffe. Auch Unbeteiligte und die Polizei könnten sich bedroht fühlen. Außerdem kann die Pistole schwere Verletzungen verursachen, wenn sie zu nahe am Körper ausgelöst wird. Auch Elektroschockgeräte sind erlaubt. Sie wirken aber nur, wenn Sie den Täter damit berühren. Dafür müssen Sie ihm jedoch nahe kommen – gefährlich nahe. Zudem sind die Schocker in der Handhabung kompliziert: Bei den meisten Modellen müssen Sie zunächst eine Sicherung deaktivieren, und erst dann können Sie das Gerät benutzen.

Das sagt der Experte:
Messer, Schlagstock, Gaspistole & Co gefährden Sie mehr, als dass sie Ihnen helfen. Zudem machen Sie sich strafbar, wenn Sie bestimmte Waffen bei sich haben. Setzen Sie die Waffen ein und verletzen zum Beispiel den Täter, riskieren Sie mindestens eine Strafanzeige wegen Körperverletzung. Möglicherweise wiegen Sie sich mit einer Waffe in Sicherheit – und überschätzen Ihre Wehrkraft.

Fazit:
Laufen Sie lieber weg, als sich zu bewaffnen.

Richtiges Verhalten als Helfer in Notsituationen

- Überblick verschaffen. Abschätzen, ob die Situation eskalieren könnte.
- Öffentlichkeit herstellen. Aufmerksamkeit von Passanten auf Situation/sich ziehen (Hilfe!). Mit lauter Stimme sprechen.
- Täter siezen, ihn nicht berühren oder beleidigen.
- Blickkontakt mit dem Opfer halten. Wenn die Gefahr einschätzbar ist, Opfer aus der Situation begleiten (Hand reichen!).
- Bei Waffen, mehreren Personen und Gewalt auf Abstand bleiben, niemals direkt eingreifen.
- Ruhig bleiben, wenn sich der Täter Ihnen zuwendet. Nicht auf eine Diskussion mit ihm einlassen.
- Überraschendes tun (z. B.: Trillerpfeife, Schrillalarm).

- Unterstützung holen (»Kommen Sie bitte mit, dort braucht jemand unsere Hilfe!«).
- Personen gezielt mit konkretem Auftrag laut ansprechen. (»Sie mit der roten Jacke, informieren Sie den Busfahrer/rufen Sie die Polizei/ziehen Sie die Notbremse!«)
- Notruf bei Polizei absetzen (Tel. 110), Opfer und Angreifer laut darüber informieren.
- Tätermerkmale einprägen, als Zeuge zur Verfügung stehen.
- Mentale Vorbereitung (verschiedene Situationen in Gedanken öfters durchspielen).

Richtiges Verhalten als Opfer in Notsituationen

- Wenn möglich, Situation verlassen: weglaufen, sich im ÖNV einen anderen Platz suchen.
- Öffentlichkeit herstellen: mit lauter Stimme sprechen, Situation klarstellen (»Lassen Sie mich in Ruhe!«).
- Täter siezen, ihn nicht berühren und nicht beleidigen.
- Überraschendes tun (z. B. Trillerpfeife, Schrillalarm).
- Pfefferspray verwenden, wenn man in der Handhabung geübt ist.
- Sich in U- oder S-Bahn an Gangplätze und in Tram oder Bus in die Nähe des Fahrers setzen.

8.4 | Wenn die Stimme versagt

Interview mit dem Hamburger Antigewalt-Coach Jens Mollenhauer. Der siebenfache Vater ist hauptberuflich Polizist in Hamburg. In seiner Freizeit bietet er Zivilcourage-Trainings für Kinder und Erwachsene an.

Sie arbeiten seit vielen Jahren als Präventionscoach. Warum?
Ich habe vor über 20 Jahren am eigenen Leib zu spüren bekommen, wie es sich anfühlt, wenn einem nicht geholfen wird. Damals war ich mit zwei Kollegen von der Polizeischule privat auf dem Hamburger Dom unterwegs. Eine Gruppe Jungs hat uns blöd angemacht. Plötzlich landeten Fäuste in meinem Gesicht, ich ging zu Boden, und die Burschen traten weiter auf mich ein. Meine Kollegen sind einfach abgehauen. Keiner der Umstehenden hat eingegriffen. Das hat mich damals schwer schockiert und war für mich lange unbegreiflich.

Was hat dieser Vorfall bei Ihnen verändert?
Ich habe mit ein paar Leuten angefangen, ein Training zu entwickeln, in dem man lernt, wie man sich als Helfer in Gewaltsituationen am besten verhält. Ich habe damals viel Selbstverteidigung gemacht. Aber man braucht keine zehn Jahre Kampfsport, um solch einer Situation gewachsen zu sein. Das gilt für Opfer und Helfer.

Worum geht es in Ihren Trainings?
Ziel ist es, den Menschen für eine Gewaltsituation zu stärken, sei es, weil er selbst Opfer wird oder weil er jemandem helfen will. Dafür braucht man vor allem eine innere Einstellung und nur zu

einem geringen Teil wirksame Kampftechniken. Die Teilnehmer lernen, die jeweilige Situation abzuschätzen und geeignete Strategien zu entwickeln. Um sich nicht selbst in Gefahr zu bringen, sollte auch jeder seine Grenzen kennen.

Was genau meinen Sie mit »innerer Einstellung«?
Die meisten Menschen, die nicht eingreifen, sind grundsätzlich gewillt zu helfen. Sie wissen nur nicht wie. Sie haben Angst, sich in Gefahr zu bringen. Sie haben Angst vor möglichen juristischen Konsequenzen. Sie haben Angst, etwas falsch zu machen. Die Angst lähmt sie. Ich versuche in den Trainings, Ängste, Hemmungen und psychische Barrieren abzubauen, damit die Leute sich unter realistischen Bedingungen wehren oder eingreifen können. Sie sollen Mut entwickeln, in die Situation hineinzugehen und Zivilcourage zu zeigen. Ich helfe beim Helfen.

Wie kann das Eingreifen konkret aussehen?
Es gibt ein paar grundsätzliche Dinge: Flucht! Laufen Sie dahin, wo Menschen sind. Rennen Sie zum nächstbesten Haus und klingeln Sie, egal, wie spät es ist. Schreien! Das schockt und erregt die Aufmerksamkeit der anderen. Nutzen Sie die Schocksekunde zur Flucht. Ansprechen! Bitten Sie Leute um Hilfe. Selbstsicheres Auftreten! Straffe Schultern, aufrechter Gang, Blick in die Augen. Und halten Sie sich den Täter vom Leib. Sagen Sie klar und deutlich: Bleiben Sie stehen! Reagiert er nicht darauf, wiederholen Sie sich: Bleiben Sie stehen! Stopp! Hilfreich ist auch, die Hände abwehrend in Schulterhöhe auszustrecken. So können Sie Ihre Sicherheitszone verteidigen.

Wie gehen Sie bei den Trainings vor?
Wir machen Rollenspiele, in denen ich den Täter mime. Er trägt eine schwarze Lederjacke und ein Käppi. Ich bin dann nicht mehr Jens Mollenhauer, sondern irgendein ungehobelter oder gewalttätiger Typ, der mitunter auch angetrunken ist. Das Training verursacht bei den Teilnehmern immensen emotionalen Stress. Genau das will ich erreichen, denn nur so können die Leute in einer realen Situation anwenden, was sie im Kurs gelernt haben.

Zwischen der Situation, die ich mir vorstelle, und der Realität liegen Welten.
Ja, das hört sich immer alles so einfach an: Rufen Sie laut nach Hilfe. Was, wenn Sie vor lauter Aufregung keinen Ton rausbringen, oder der Täter Sie würgt? Was machen Sie denn, wenn Sie vorschriftsmäßig den Herrn im roten Pullover oder die Frau im Trenchcoat ansprechen, Ihnen zu helfen – die aber wegschauen oder weitergehen? Wie sprechen Sie Jugendliche an? Den Zeigefinger zu heben ist die beste Voraussetzung dafür, dass eine Situation eskaliert.

Wie sollte man als Erwachsener denn auf jugendliche Täter zugehen?
Man darf die Jugendlichen weder mit Worten noch mit Taten provozieren. Fassen Sie sie auch nicht an. Sonst heißt es später, der hat mich zuerst angepackt, ich habe bloß in Notwehr gehandelt. Belehren Sie die Jungs nicht, das kommt fast immer ganz schlecht an. Versuchen Sie einen guten Aufhänger zu finden, wenn Sie mit ihnen reden. Das ist nicht leicht, bedarf etwas Fantasie. Wir üben das in den Kursen mit ganz speziellen Situationen.

Kann es manchmal besser sein, gar nichts zu tun?
Wer nicht hilft, begeht eine Straftat. Irgendetwas geht immer: Mit dem Handy den Notruf absetzen, weglaufen, um Hilfe zu holen, sich den Täter genau anschauen und sich sein Aussehen einprägen oder wenigstens als Zeuge zur Verfügung zu stehen. Selbst das erfordert Mut. Die Jungs, die mich damals auf dem Dom verhauen haben, kamen alle aus dem Türsteher-Milieu von der Hamburger Reeperbahn, das waren echte Street Boys. Gegen die auszusagen überlegt man sich dreimal.

Was sagen Sie zum Verhalten Dominik Brunners?
Ich finde es vorbildlich, dass Brunner eingegriffen hat. Dass die Medien sein Vorgehen mittlerweile infrage stellen, halte ich für falsch. Dadurch wird das Thema Zivilcourage weiter kaputtgemacht. Die Leute werden immer ängstlicher – und greifen dadurch noch seltener ein. Dabei sind der Vorfall und sein dramatischer Ausgang wirklich ein Einzelfall. Die Gewalt hierzulande ist gesunken, selbst in Großstädten wie Hamburg und Berlin. In den meisten Fällen kann der Helfer Schlimmeres verhindern, ohne dass ihm dabei etwas passiert.

Wie verhält man sich in einer Gewaltsituation richtig?
Es gibt keine Bedienungsanleitung, die für jede Situation passt. Bin ich ein großer durchtrainierter Mann, dann kann ich mich auf den Täter konzentrieren. Als Frau könnte das für mich tödlich sein. Vielleicht ist es dann besser, einfach nur laut zu schreien. So werden Passanten auf die Situation aufmerksam, kommen dazu oder holen Hilfe. Es geht immer darum, die Situation und seine persönlichen Möglichkeiten einzuschätzen.

Wie verhindere ich, dass ich im entscheidenden Moment nicht kneife?
Üben, üben, üben. Sie können Gefahrensituationen immer wieder gedanklich durchspielen und sich dadurch mental vorbereiten. Überlegen Sie, was Sie tun würden. Seien Sie dabei realistisch, schließlich wollen Sie sich ja selbst nicht gefährden.

9 Aus dem Alltag gegriffen

Das rät der Profi, wenn es eng wird

Zivilcourage ist in vielen Situationen gefragt. Ob und wie wir helfen, hängt nicht nur von unserem Mut ab und dem Wissen, was genau zu tun ist. Auch die Tageszeit, der Ort des Geschehens und die Beteiligten sind entscheidend. So ist es ein Unterschied, ob wir mit vielen anderen in der U-Bahn eine Pöbelei mitbekommen oder nachts als Einziger eine Vergewaltigung beobachten.

Vom Streit zwischen Mann und Frau, einem Kind in Gefahr, über Mobbing und Erpressung durch Jugendliche bis hin zu sexueller Gewalt hält das Leben unendlich viele Situationen bereit, in denen wir Zivilcourage zeigen können und sollen.

Jede Situation erfordert eine andere sensible Herangehensweise. Die einzige Gemeinsamkeit, die die unterschiedlichen Notsituationen haben: Sie können sie sich nicht aussuchen, sondern sind plötzlich mittendrin. Zivilcourage ist eine spontane Reaktion, bei der Ihr schnelles Handeln gefragt ist.

Damit Ihr Eingreifen Sie nicht selbst in Gefahr bringt, können Sie an dieser Stelle üben. Klar ist: Es gibt nie nur die eine Lösung. Je nach Tagesform, abhängig von der konkreten Situation und von vielen weiteren Faktoren hilft mal dieses, mal jenes Verhalten.

Auf den folgenden Seiten finden Sie Szenen, wie sie entweder bereits passiert sind oder passieren könnten – vom Mobbing am Arbeitsplatz bis hin zu häuslicher Gewalt. Testen Sie Ihr zivilcouragiertes Verhalten und fragen Sie sich bei jeder Szene, was Sie genau tun würden. Margarete Boos, Professorin für Sozialpsychologie an der Universität Göttingen und Mitentwicklerin des Göttinger Zivilcourage-Impulstrainings, bewertet die Situation anschließend aus ihrer professionellen Sicht.

9.1 | Als Frau allein unterwegs

Es ist spät geworden. Gemeinsam mit einer Freundin sind Sie auf dem Heimweg von einer Party. Sie wohnen zwei Straßen weiter und verabschieden sich daher an der Haustür der Freundin voneinander. Ein paar Minuten später bemerken Sie, dass Ihnen jemand folgt. Sie drehen sich um. Richtig, ungefähr 50 Meter hinter Ihnen laufen zwei Männer. Die beiden kommen schnell näher. In Ihrem Kopf dreht es sich, Sie haben etwas getrunken, können keinen klaren Gedanken fassen. Sind die beiden wirklich hinter Ihnen her, oder spielt Ihre Fantasie Ihnen einen bösen Streich? Fieberhaft überlegen Sie, was Sie tun könnten. Dummerweise haben Sie den kürzeren Weg durch den kleinen Anwohnerpark genommen, der in dieser frühen Morgenstunde menschenleer ist.

Expertentipp:
Lange zu überlegen, ob die beiden harmlos oder gefährlich sind, kostet Sie in dieser Situation wertvolle Zeit. Da um die Uhrzeit und an diesem einsamen Ort keiner Ihre Hilfeschreie hören wird, ha-

ben Sie nur eine Chance: weglaufen. Sie haben hochhackige Schuhe an und eine schwere Tasche dabei? Trennen Sie sich davon und rennen Sie so schnell wie möglich dahin, wo Menschen sein könnten. Peilen Sie die nächste Kneipe oder Tankstelle an. Wenn Sie einen Schrillalarm dabei haben, benutzen Sie ihn. Sind die Jungs schon zu nah, verwenden Sie Pfefferspray, falls Sie eines dabei haben. Achten Sie dabei auf die Windrichtung. Alternativ nehmen Sie Ihren Schlüssel wie einen Schlagring – die einzelnen Schlüssel zwischen die Finger – in die Hand. Das Gleiche gilt, wenn Sie im verwaisten Parkhaus, beim Joggen im Park oder in einer unbelebten Seitenstraße unterwegs sind. Und beim nächsten Mal investieren Sie besser in ein Taxi oder übernachten gleich bei Ihrer Freundin.

9.2 | Pöbelei im Nahverkehr

Sie sitzen im Bus und bekommen mit, wie der junge Mann zwei Sitzreihen vor Ihnen von zwei Gleichaltrigen angepöbelt wird. Die Bustür schließt nicht richtig, die zwei jungen Männer machen den dritten dafür verantwortlich. Sie sehen, dass der eigentliche Grund eine Frau ist, die in der Lichtschranke steht; deshalb geht die Tür nicht zu. Es gibt ein kurzes Wortgefecht; die beiden drohen dem jungen Mann. Dann setzen sie sich in die Sitzreihe direkt hinter ihm. Sie hören, wie die beiden einen Plan aushecken: Nach dem Aussteigen wollen sie zuschlagen. Sie überlegen, wie ernst das gemeint ist und drehen sich um; die anderen Fahrgäste haben die brenzlige Situation bislang offenbar nicht bemerkt. Sie sehen, dass der junge Mann aufsteht und offenbar aussteigen will. Begleiten Sie ihn oder nicht – wie entscheiden Sie sich?

Expertentipp:
Sie haben zwei Möglichkeiten: Sie können abwarten, ob die beiden anderen auch aussteigen. Oder Sie entscheiden sich dafür, dem jungen Mann von vornherein zur Seite zu stehen. Wenn Sie abwarten, verlassen die Täter vielleicht in allerletzter Sekunde den Bus – während die Tür vor Ihrer Nase schließt. Nun müssten Sie sich an den Busfahrer wenden, ihn bitten, die Polizei zu rufen und dann verspätet der Gruppe hinterherlaufen. Möglicherweise ist die Situation dann schon eskaliert und das Opfer schwer verletzt. Der bessere – und auch für Sie sichere – Weg wäre, den jungen Mann anzusprechen, ihn zu fragen, ob Sie ihn ein Stück begleiten dürften. Lehnt er ab, können Sie immer noch die Polizei rufen und diese auf die drohende Gewaltsituation aufmerksam machen.

9.3 | Kinder in Gefahr

Seit etwa einer halben Stunde beobachten Sie am Baggersee zwei Männer um die vierzig und zwei Jungs im Grundschulalter. Ihnen fällt auf, dass einer der beiden Männer die Jungs lange und intensiv mit Sonnenmilch eincremt. Sie sind relativ nah an der Gruppe dran, können aber nicht verstehen, was die vier miteinander sprechen. Sie wissen nicht so recht, was Sie tun sollen. Man hört ja immer wieder vom Missbrauch von Kindern. Aber Sie wollen auch niemanden zu Unrecht verdächtigen, zumal auch keiner der anderen Badegäste reagiert. Als der ältere der beiden Jungs sich ein Eis holt, nutzen Sie die Gelegenheit und fragen ihn, ob sein Vater kein Eis essen will. Sie wollen herausfinden, mit wem der Junge da ist. Er verneint Ihre Frage kurz angebunden und geht mit gesenktem Kopf schnell zurück. Nach einem kurzen Wortgeplänkel spazieren die vier langsam in Richtung eines nahe gelegenen Wäldchens. Was tun Sie?

Expertentipp:
Ihr Verdacht, die Männer könnten die Jungs missbrauchen, ist berechtigt. In dieser Situation ist schnelles Handeln erforderlich; die Männer könnten sich jeden Moment an den Kindern vergehen. Rufen Sie die Polizei und schildern Sie Ihre Beobachtungen. Bitten Sie einen anderen Badegast, Sie in den Wald zu begleiten. Erstens sind es zwei Männer, außerdem haben Sie zu zweit mehr Handlungsmöglichkeiten, falls die beiden Täter türmen wollen. Folgen Sie der kleinen Gruppe und sprechen Sie die Kinder an: Wie heißt ihr? Mit wem seid ihr unterwegs? Lassen Sie sich nicht verunsichern, wenn die Kinder die Männer kennen – Missbrauch geschieht meist im sozialen Umfeld: durch den Exfreund der Mutter, den Onkel, einen Nachbarn. Versuchen Sie in der Nähe zu bleiben, bis die Streife eintrifft. Päderasten scheuen übrigens in der Regel die Öffentlichkeit; viele Gefahrensituationen spielen sich weitaus weniger offensichtlich ab. Ihre Aufmerksamkeit ist in solchen Situationen also besonders gefragt.

9.4| Mobbing am Arbeitsplatz

Sie arbeiten erst seit einigen Wochen für die Kommunikationsabteilung einer großen Versicherung. Der Kollege, mit dem Sie sich das Büro teilen, lästert immer wieder über eine gemeinsame Arbeitskollegin. Sie sei völlig überbezahlt, hätte nur ein abgebrochenes Studium vorzuweisen. Neulich habe sie sogar eine Pressemitteilung zu spät rausgeschickt. Eines Tages kommt die Kollegin nicht zur Arbeit, weil ihr Kind krank ist. Beim gemeinsamen Mittagessen mit der großen Büro-Runde erwähnt der Kollege beiläufig, die Kollegin schöbe die Erkrankung ihres Kindes vor, um sich selbst eine Atempause zu verschaffen. Wie verhalten Sie sich?

Expertentipp:

Verschaffen Sie sich mehr Klarheit über die Situation. Dann wird es für Sie leichter sein, sich für ein Vorgehen zu entscheiden. Zeigen Sie der Kollegin Ihr Interesse, zum Beispiel indem Sie sie fragen, ob sie mit Ihnen einen Kaffee trinken gehen will. Ihrem Kollegen sollten Sie freundlich aber bestimmt sagen, dass Sie sein Verhalten missbilligen. Das erfordert Mut, sicher. Er kann seine Lügen und Anfeindungen aber nur verbreiten, wenn sich keiner traut, dagegen zu opponieren. Ziel sollte es sein, dass Sie im Team miteinander auskommen – Sie müssen sich ja nicht lieben. Trauen Sie sich nicht, allein etwas zu tun? Wenn der Kollege auch nach Ihrer Kritik sein Verhalten nicht ändert, sprechen Sie andere Kollegen oder Kolleginnen an und überlegen Sie gemeinsam, was zu tun ist. Vielleicht können Sie mit Ihrem Anliegen auch zu Ihrem Vorgesetzten gehen. Möglicherweise ist der Betriebsrat die richtige Adresse. Sie sollten jedenfalls mit Ihrer Furcht und Ihrem Unbehagen nicht allein bleiben – auf Dauer kann das auch Sie krank machen.

9.5 | Häusliche Gewalt

Gemeinsam mit einer Freundin sind Sie in einem Lebensmittel-Großmarkt zum Einkaufen unterwegs. Dort fällt Ihnen ein Pärchen mit einem etwa dreijährigen Mädchen auf. Das Kind wirkt abwesend, fast schläfrig und ist im Gesicht fleckig. Erst glauben Sie, sie habe sich mit Schokoladeneis oder Kakao beschmiert. Aber als Sie näher an ihr vorbeigehen, sehen Sie, dass das blaue Flecke sind. Jetzt bemerken Sie auch, dass sie ganz abgemagert ist und ihre Ärmchen ebenfalls Blutergüsse aufweisen. Sie sind beunruhigt und schockiert. Ihnen zittern die Knie, weil Sie ahnen, dass hier etwas nicht stimmt. Aber Sie sind sich unsicher, was Sie tun sollen. Sie rufen Ihre Freundin herbei und machen sie auf das Kind aufmerksam. Die Freundin hat ähnliche Befürchtungen wie Sie. Gemeinsam überlegen Sie, was zu tun ist.

Expertentipp:
Seit 2000 ist das Züchtigungsrecht für Eltern abgeschafft. Körperliche Bestrafungen, seelische Verletzungen und andere entwürdigende Handlungen sind dem Bürgerlichen Gesetzbuch zufolge unzulässig und werden strafrechtlich verfolgt. Hier liegt es klar auf der Hand – das Kind wird mindestens körperlich misshandelt. Dieses Martyrium müssen Sie beenden. Dazu haben Sie verschiedene Möglichkeiten. Rufen Sie die Polizei und schildern Sie die Situation. Zwei Verkäufer eines Elektronikmarktes haben sich in einer ähnlichen Situation unter einem Vorwand die Adresse des Paares besorgt und das zuständige Jugendamt informiert. Sprechen Sie die beiden möglichst nicht auf die Verletzungen des Kindes an. Denn das könnte dazu führen, dass sie den Ort des

Geschehens fluchtartig verlassen – und das Kind endlos weitergequält wird.

9.6 | Streit im Straßenverkehr

Es ist ein sonniger Morgen, Sie sind mit dem Fahrrad unterwegs zur Arbeit. Auf halber Strecke ist der Radweg durch ein quer stehendes Auto versperrt. Sie können gerade noch bremsen, um nicht auf der Kühlerhaube zu landen. Sie ärgern sich und wollen den Fahrer des Wagens darauf hinweisen. Doch dann sehen Sie, dass er anderweitig beschäftigt ist. Der Fahrer steht mitten auf der Straße und streitet sich sichtlich erregt mit einem anderen Autofahrer. Offensichtlich hält er ihn davon ab, einfach wegzufahren. Beide Autos sind kaputt, es hat also kurz zuvor einen Unfall gegeben. Die Beteiligten beschimpfen sich in übelster Art, verletzt scheinen sie nicht zu sein. Sie spüren, dass jetzt Ihre Hilfe benötigt wird. Was können Sie tun?

Expertentipp:
Sie kommen an den Unfallort, nachdem schon (fast) alles gelaufen ist. Als Unfallzeuge können Sie zumindest nichts beitragen. Dennoch hat Ihre Anwesenheit Sinn. Merken Sie sich das Nummernschild des potenziellen Fahrerflüchtigen, und versuchen Sie sich einzuprägen, wie die Autos zueinander stehen. Das ist wichtig, damit die Polizei den Tathergang später genau rekonstruieren kann. Haben Sie ein Handy oder eine Kamera dabei, fotografieren Sie den Unfallort. Wenden Sie sich nun den Streitenden zu, und fragen Sie sie ruhig und besonnen, ob Sie helfen können. Vielleicht

können Sie den Streit dadurch eindämmen. Schauen Sie, ob die beiden gefährdet sind, denn schließlich stehen sie mitten auf der Straße. Sagen Sie den beiden, dass Sie jetzt die Polizei anrufen werden. Bleiben Sie da, bis der Streifenwagen eintrifft, und stehen Sie als Zeugin zur Verfügung.

9.7 | »Abziehen« und Erpressung

Sie verbringen den Nachmittag auf dem Rummel. Ihre Kinder fahren Kettenkarussell; Sie warten am gegenüberliegenden Eisstand auf die beiden. Wenige Meter neben Ihnen stehen vier Jugendliche, die offensichtlich ein Kind bedrängen. Sie sprechen auf den Jungen ein, kommen dabei immer näher. Die Musik auf der Kirmes ist extrem laut. Trotzdem erahnen Sie, was die Jugendlichen von ihm wollen: Zeig mal deinen MP3-Player. Die Körpersprache des Jungen lässt vermuten, dass er sich bedroht fühlt. Seine Hände verschwinden mitsamt dem MP3-Player in seinen Taschen, die Schultern sind hochgezogen. Er schaut verängstigt zu Boden. Für Sie ist klar: Die Jugendlichen wollen das Musikgerät nicht nur anschauen, sondern »abziehen«, also die Herausgabe des MP3-Players erzwingen. Wie können Sie das verhindern?

Expertentipp:
Mit Ihrer Vermutung, dass die Gruppe dem Jungen das Gerät wegnimmt, liegen Sie wahrscheinlich richtig. Denn das sogenannte Abziehen ist mittlerweile ein beliebter Sport bei Jugendgangs. Sie sollten also in jedem Fall aktiv werden. Sprechen Sie einen männlichen Erwachsenen an, vielleicht einen Vater, der wie Sie auf seine

Kinder wartet. Erklären Sie ihm kurz, was Sie beobachtet haben, und gehen Sie gemeinsam auf die Jugendlichen zu. Sprechen Sie den Jungen in der Mitte gezielt an. Schauen Sie ihm dabei in die Augen und erklären Sie mit ruhigen Worten, dass Sie ihm helfen werden und die Polizei bereits unterwegs ist. Wahrscheinlich verlassen die älteren Jungs jetzt fluchtartig das Gelände, denn statt mit dem MP3-Player müssen sie nun mit Ärger rechnen. Fangen die Jugendlichen hingegen an, Sie zu bedrohen, machen Sie ihnen klar: Mit mir nicht! Rufen Sie ihnen zu:»Bleibt stehen. Fasst mich nicht an!« Ihre Klarheit und Ihr Mut wird die Bande überraschen, sie werden sich trollen.

9.8 | Bewaffneter Überfall

Sie sind neu in Berlin und erkunden nach und nach die verschiedenen Bezirke. Eines frühen Abends schlendern Sie allein durch Moabit, ein durchmischter Kiez mit relativ hoher Kriminalitätsrate. Sie lieben Antiquitäten und finden einen alten Trödelladen. Nichtsahnend betreten Sie den dunklen, schmalen Verkaufsraum, der durch Unmengen von Ware völlig unübersichtlich ist. Plötzlich werden Sie Zeuge eines bewaffneten Überfalls: Zwei junge Männer stehen mit dem Rücken zum Verkaufsraum an der Kasse und bedrohen die Verkäuferin mit einer Waffe. Sie soll das Geld aus der Kasse herausgeben. Die beiden Männer sind so mit sich beschäftigt, dass sie nicht bemerkt haben, dass Sie den Laden betreten und die bedrohliche Situation mitbekommen haben. Die Frau hat die Arme nach oben gestreckt, sie schaut ängstlich zwischen den beiden Gangstern in Ihre Richtung. Sie hat Sie also bemerkt. Was können Sie tun?

Aus dem Alltag gegriffen

Expertentipp:
Versuchen Sie, so schnell wie möglich, das Geschäft wieder zu verlassen. Wichtig ist, dass die beiden Täter keinen Verdacht schöpfen, Sie müssen sich also ganz leise rausschleichen. Geben Sie der Verkäuferin ein kurzes Zeichen, dass Sie sie nicht alleine lassen, sondern Hilfe holen. Auf der Straße rufen Sie umgehend die Polizei und geben den Überfall und die Adresse durch. Bleiben Sie in der Nähe des Ladens. Nur so können Sie beobachten, ob bis zur Ankunft des Streifenwagens etwas passiert. Außerdem sollten Sie später als Zeuge aussagen können. Wenn Sie Angst haben, sprechen Sie andere Passanten an, berichten Sie von dem Geschehen und bitten sie, gemeinsam mit Ihnen zu warten.

9.9 | Noch Streit oder schon Misshandlung?

Es ist Wochenende, Sie erwarten am Abend Besuch von Freunden und wollen noch schnell Oliven, Gemüse und Brot beim Türken holen. Als Sie den Supermarkt mit tausend Tüten verlassen, fällt Ihnen ein junges Pärchen im Hauseingang auf. Sie steht mit verschränkten Armen und in sich zusammengekauert in der Ecke. Er hat sich vor ihr aufgebaut, redet wild auf sie ein und kommt ihr dabei immer näher. Im nächsten Moment hebt er seinen Arm und schlägt ihr ins Gesicht. Vor Schreck lassen Sie Ihre Tüten fallen, wissen aber nicht, was Sie am besten tun sollen. Was geht hier vor? Dürfen Sie eingreifen?

Expertentipp:
Egal, warum der Mann zuschlägt, er hat kein Recht dazu. Greifen Sie ein, ganz gleich, ob es sich um ein Problem Liebender oder einen Familienstreit handelt. Die junge Frau ist offenbar nicht in der Lage, sich zu wehren. Sie braucht Ihre Hilfe. Sprechen Sie sie laut an, so dass auch andere Passanten die Situation mitbekommen. Noch besser wäre es, wenn Sie sich schon jemanden zur Unterstützung geholt hätten. Fragen Sie die Frau, ob sie Hilfe benötigt. Wenn der aufgebrachte Mann Sie dann auffordert, sich nicht einzumischen, ignorieren Sie ihn, statt mit ihm zu diskutieren. Das könnte ihn nur noch wütender machen. Wenn er von der Frau ablässt, bieten Sie ihr an, sie zu begleiten. Auf dem Weg können Sie versuchen herauszubekommen, ob die Gefahr gebannt ist, oder ob sie erst richtig Probleme bekommt, sobald zu Hause die Tür ins Schloss fällt.

9.10 | Selbstbewusst gegen Rechts

Sie leben in einer kleinen Studentenstadt. Hier gibt es viele Bürgerinitiativen, alternative Wohnprojekte, Künstler. Seit ein paar Wochen fällt auf, dass zunehmend rechtsradikale Gruppen durch die Fußgängerzone ziehen, Veranstaltungen in der Stadthalle ausrichten möchten, sich bei Straßenfesten unter die Leute mischen, im Stadtpark Jugendliche anpöbeln. Außerdem kleben neuerdings überall Aufkleber und Schmierereien mit rechtsradikalen Parolen: an den Laternenmasten, vor der Schule oder an den Häuserwänden in der Innenstadt. Sie fühlen sich nicht direkt bedroht, aber die Veränderung in Ihrer Stadt gefällt Ihnen nicht. Sie würden Ihre Meinung gern kundtun. Welche Möglichkeiten haben Sie?

Expertentipp:
Ihr Gefühl, sich um das Gemeinwohl der Stadt und das Wohlergehen Ihrer Mitbürger zu kümmern und sich selbstbewusst gegen Rechts zu engagieren, ist vorbildlich. Wenn überhaupt, dann werden Menschen nur dann aktiv, wenn sie sich selbst bedroht fühlen. Damit die Schmierereien, Klebeaktionen und Aktionen der Rechten in Ihrer Stadt ein Ende nehmen, sollten Sie sich Verbündete suchen und gemeinsam dagegen vorgehen. Wenn Sie wieder einen Aufkleber entdecken, entfernen Sie ihn umgehend. Nehmen Sie Kontakt zu den städtischen Behörden und dem Bezirksamt auf, sprechen Sie mit Lokalpolitikern, Gewerkschaften und Journalisten. Vielleicht organisieren Sie eine Demonstration gegen Rechts, verbunden mit einer öffentlichen Reinigung der beschmutzten Flächen. Laden Sie die Lokalpresse ein und machen Sie den Rechtsradikalen durch Ihren Protest deutlich: Bei uns ist kein Platz für eure Ansichten!

10 Machen Sie den Test

Was denken Sie, wenn Sie einen Obdachlosen auf der Straße sehen? Wie reagieren Sie, wenn ein Fremder Sie um paar Cent bittet? Was tun Sie, wenn eine Frau mit Kopftuch in der U-Bahn angemacht wird? Rühren Sie die Bilder von humanen Katastrophen in ärmeren Ländern? Weinen Sie beim Tod des Fernsehhelden?

Jeder von uns findet andere Antworten auf diese Fragen. Vielleicht erinnern Sie diese Zeilen an kleine Szenen, die Sie schon einmal erlebt haben. Oder Sie fühlen sich generell unbewusst schnell in die Lage anderer Menschen ein? Glückwunsch, dann sind Sie empathisch – ein wichtiger Schritt für zivilcouragiertes Handeln. Empathie und sozialer Mut, viel mehr braucht es nicht für Zivilcourage. Doch diese Tugenden sind uns nicht in die Wiege gelegt. Wie mitfühlend und mutig wir sind, hängt von unseren Erfahrungen, der Familie und der Situation ab.

Die Wissenschaft belegt, dass auch zivilcouragierte Menschen oft über eine ausgeprägte Empathie und sozialen Mut verfügen. Beide Eigenschaften spielen also offenbar eine große Rolle, wenn es darum geht, selbstlos auch für andere Menschen einzustehen oder für sie das Wort zu ergreifen. Sinkende Empathie hingegen steht in engem Zusammenhang mit antisozialem und aggressivem Verhalten.

Was sind Sie für ein Typ? Jemand, der gleich zur Tat schreitet und auch mal das Risiko in Kauf nimmt, falsch zu entscheiden? Oder sind Sie eher zurückhaltend? Testen Sie, wie viel Empathie und sozialen Mut Sie haben. Verschaffen Sie sich einen Überblick, wie gut Sie vorbereitet sind, um in der spontanen Situation angemessen zu reagieren.

Tipp: Beantworten Sie die Fragen so ehrlich wie möglich. Nur so haben Sie eine realistische Chance, Ihr persönliches Verhalten einzuschätzen – und zu erfahren, woran Sie noch arbeiten können.

Gefühle für andere. Wie empathisch sind Sie wirklich?

Finden Sie mit diesem Test heraus, wie viel Mitgefühl Sie tatsächlich für die Menschen um Sie herum haben.

1. Ich bin schnell emotional sehr ergriffen, wenn ich Menschen wie Obdachlosen oder Schwerkranken begegne, die im Leben nicht so viel Glück gehabt haben wie ich.
A: Stimmt genau.
B: Das trifft manchmal zu.
C. Das sehe ich anders; meist sind die doch selbst daran schuld.

2. Welches Zitat fasst Ihre Ideale am besten in Worte?
A: Die Rettung der Menschheit besteht gerade darin, dass alle alles angeht. (Alexander Solschenizyn)
B: Denn nichts ist schwerer und nichts erfordert mehr Charakter, als sich in offenem Gegensatz zu seiner Zeit zu befinden und laut zu sagen: Nein. (Kurt Tucholsky)
C: Jeder ist sich selbst der Nächste. (Sprichwort)

3. Der Betriebrat muss in einer Sitzung mehrere wichtige Entscheidungen treffen. Sie haben den Vorsitz und leiten die Diskussion.
A: Es gibt auf jede Frage immer mehrere Antworten. Ich versuche deshalb, alle Argumente in die Entscheidung mit einzubeziehen.
B: Es ist gut, dass ich der Vorsitzende bin. Denn wenn ich mir sicher bin, dass ich Recht habe, können wir die Diskussion abkürzen und müssen nicht noch die Argumente der anderen anhören.
C: Wenn immer alle gemeinsam entscheiden, sind wir morgen noch nicht fertig.

4. Ich gebe die Verantwortung auch mal an andere weiter, nach dem Motto: Ich hab schon so oft geholfen, jetzt können die anderen auch mal ran.

A: Das ist nicht meine Art. Wo ich helfen kann, tue ich das.
B: Manchmal trifft es zu.
C: Stimmt genau.

5. Sie beobachten einen alten gebrechlichen Mann, der verloren auf einer Verkehrsinsel steht. Er ist offensichtlich verwirrt und steht dort bewegungslos mit seinem Rollator. Was tun Sie?

A: Ich halte an und frage den Mann, ob ich ihm behilflich sein kann.
B: Ich rufe mit meinem Mobiltelefon einen Krankenwagen. Dann fahre ich weiter, denn ich bin in Eile.
C: Ich bin sehr auf das Autofahren konzentriert und bemerke den Mann erst im letzten Augenblick. Ich entscheide mich, weiterzufahren.

6. Ich bin offen für meine Umwelt und bekomme auch Dinge mit, die mich nicht direkt betreffen.

A: Stimmt genau.
B: Mal so, mal so.
C: Ich interessiere mich eher für meine persönlichen Dinge. Damit habe ich schon genug um die Ohren.

7. Sie sind mit Ihrem Sohn in der Fußgängerzone unterwegs, als eine Frau vor Ihnen mit dem Fahrrad stürzt. Sie ignorieren jedoch die Situation.

A: Nein, wenn jemand direkt vor mir hinfällt, muss ich doch helfen.

B: Es kommt schon ab und zu vor, dass ich mich so verhalte.

C: Wenn ich einen Fahrradunfall habe, stehe ich auch allein auf.

8. Ich bin ein hilfsbereiter, warmherziger und fürsorglicher Mensch. Ich kümmere mich gern um andere Menschen.

A: Die beiden Sätze passen gut zu mir.

B: Wenn es mir selbst gut geht, engagiere ich mich auch mal für andere.

C: Jeder ist doch seines Glückes Schmied. Hilfsbereitschaft hin oder her – jedermann sollte selbst sehen, dass er seine Sachen geregelt bekommt.

9. Sie haben eine Freundin, die als Ärztin für eine Hilfsorganisation arbeitet und oft kranke Kinder in ärmeren Ländern behandelt. Was geht in Ihnen vor, wenn sie Ihnen nach einem Einsatz von dem Schicksal der Kinder berichtet?

A: Ich bin immer sehr betroffen von ihren Erlebnissen.

B: Generell bewundere ich meine Freundin für ihre Arbeit, aber ihr Leben als Krisenärztin hat zu wenig mit meinem Alltag zu tun, als dass es mich berühren würde.

C: Ich mag meine Freundin, aber ihr Job und vor allem ihre Geschichten nerven.

10. Sie sind gemeinsam mit einem Freund und einer sonst fremden Gruppe im Urlaub, als Ihr Freund wegen einer akuten Krankheit seiner Mutter kurzfristig nach Hause fahren muss. Dass er tatsächlich abreist, macht Sie wütend.

A: Nein, ich versetze mich in seine Lage und kann dann verstehen, dass er dringend nach Hause möchte.

B: Mir fällt es wirklich schwer, seine Entscheidung zu akzeptieren. Mitunter finde ich es schwierig, mich in andere Personen hineinzuversetzen.

C: Genau. Er ist mit mir unterwegs und lässt mich jetzt allein.

11. Sie sitzen im Wartezimmer; die Praxis ist brechend voll. Neben Ihnen turnt ein vierjähriger Junge herum. Nach einer Viertelstunde fängt er an zu quengeln, sortiert die Steinchen aus der Hydrokultur, wirft sich auf den Boden und bringt alle Zeitungen durcheinander. Die Mutter versucht ihn zu beruhigen – erfolglos. Die meisten Wartenden sind sichtlich genervt.

A: Ich gebe der Mutter durch ein Lächeln zu verstehen, dass ich die Langeweile des Sohnes gut verstehen kann.

B: Solange er mir nicht meine Zeitung wegnimmt und mich in Ruhe lässt, ist mir der Junge relativ egal.

C: Ich finde schon, dass die Mutter den Jungen zur Räson bringen sollte. Ich mache ihr das deutlich, indem ich gelegentlich ernst in ihre Richtung schaue.

Einschätzung:

Haben Sie die zehn Fragen nach bestem Gewissen beantwortet? Wenn Sie überwiegend A und B angekreuzt haben, dann ist es um Ihre Empathie schon gut bestellt. Sie sind offenbar darin geübt,

Gefühle für andere. Wie empathisch sind Sie wirklich?

sich in die Lage anderer Menschen hineinzuversetzen. Sie bemerken die Not und das Leid anderer und haben ein wachsames Auge auf die Schwachen der Gesellschaft. Haben Sie vor allem C angekreuzt, könnten Sie Ihr Einfühlungsvermögen für andere Menschen zukünftig noch ausbauen.

Fangen Sie damit an, sich mehr mit Menschen zu beschäftigen. Gehen Sie auf die Leute zu, egal wie alt sie sind, welcher Ethnie sie angehören oder welchen sozialen Status sie haben. Je mehr Typen Sie kennenlernen, umso größer ist Ihr Fundus, aus dem Sie zukünftig für die eigene Empathie schöpfen können.

Versuchen Sie Gemeinsamkeiten zwischen sich und den anderen zu finden. Denn solange Sie sich nur auf die Unterschiede konzentrieren, wird es Ihnen viel schwerer fallen, Ihr Gegenüber besser zu verstehen. Suchen Sie auch nach Ähnlichkeiten mit Leuten, die Sie weniger mögen.

Beschäftigen Sie sich mit dem Leben und Tun von bekannten Menschen, die emphatisch sind und sich für andere einsetzen. Lesen Sie Biographien wie die von Mahatma Gandhi, schauen Sie sich Filme an, zum Beispiel mit Brad Pitt, hören Sie die Musik des engagierten Bob Geldorf. Es wird Ihnen leichter fallen, einfühlend zu reagieren, wenn Sie entsprechende Vorbilder haben.

Wollen Sie es einmal versuchen? Versetzen Sie sich bewusst in die Lage anderer. Probieren Sie es zunächst bei Menschen, die Ihnen recht ähnlich sind. Steigern Sie sich, bis Sie sich irgendwann in jemanden einfühlen, mit dem Sie nichts gemein haben. Ihre Empathie hat zugenommen? Glückwunsch. Unterstützen Sie auch Ihre Kinder darin, auf Leute zuzugehen und Freunde zu haben, die anders sind als sie selbst. Das fördert ihre Akzeptanz für andere und ihre Empathie ganz enorm.

Mut tut gut! Wie sehr trauen Sie sich?

Finden Sie mit dem Test heraus, welchen Herausforderungen Sie sich schon gewachsen fühlen – und an welchen Stellen Sie noch etwas für Ihren Mut tun können.

1. Sie betreten eine Drogerie; die Verkäuferin folgt Ihnen und bietet Ihnen eine Tagescreme an, die Sie nicht brauchen. Dennoch lassen Sie sich dazu überreden, die Creme zu kaufen.

A: Das stimmt nicht. Ich kaufe nur, wenn ich etwas wirklich brauche.

B: Der Kauf ist schon berechtigt, schließlich hat sie sich viel Mühe gegeben.

C: Ja, das ist typisch für mich, dass ich mich manchmal nicht traue, Nein zu sagen.

2. Sie stehen in einer Schlange an der Kasse und warten, dass es weitergeht. Plötzlich drängelt sich eine junge Frau mit mehreren Lebensmitteln auf dem Arm vor und betört die Wartenden mit ihrem jugendlichen Charme. Niemand schickt sie an das Ende der Schlange zurück.

A: Das könnte mir nicht passieren; ich melde mich immer, wenn Unrecht geschieht.

B: Da sie nur ein halbes Dutzend Sachen kaufen will, ist es nicht weiter schlimm, wenn sie sich vordrängelt.

C: Ich ärgere mich über mich selbst, denn ich traue mich nicht, den Mund aufzumachen.

3. Der Chef hat in der Konferenz die falschen Materialien an den Kunden weitergeben und schiebt den Fehler einer Kollegin in die Schuhe, die definitiv nichts dafür kann.

A: Ich würde für meine Kollegin das Wort erheben.

B: Ich traue mich nicht, vor dem Chef Stellung zu beziehen, gehe aber später zu meiner Kollegin und unterstütze sie.

C: Ich hab damit nichts zu tun. Außerdem will ich keinen Ärger mit meinem Chef, schließlich habe ich nächsten Monat mein Personalgespräch und will eine Gehaltserhöhung.

4. Ich bin ein ...

A: ... eher impulsiver Mensch.

B: ... ein bedächtiger Typ.

C: ... häuslich veranlagt.

5. Ich treffe Entscheidungen erst, wenn ich die finanziellen Auswirkungen kenne und weiß, was für Folgen sie für meine Mitmenschen mit sich bringen.

A: Da komme ich ja nie zu einer Entscheidung. Nein, ich entscheide spontan.

B: Ja, ich kann mich nur festlegen, wenn ich alles einmal durchdacht habe.

C: Ich gehe den goldenen Mittelweg, überdenke die Alternativen und finde kurz darauf eine Lösung.

6. Beim Bummel über den Wochenmarkt beobachten Sie, wie eine Mutter ihr Kind im Vorschulalter anschreit, es grob am Arm zerrt und ihm eine Ohrfeige gibt. Die Situation, die dieser vorausgegangen ist, kennen Sie nicht. Wie reagieren Sie?

A: Sie sprechen die Mutter an und lassen sie wissen, dass Sie ihr Vorgehen nicht in Ordnung finden.

B: Sie warten ab, ob die Herumstehenden eingreifen, die die Szene ebenfalls beobachtet haben. Wenn niemand etwas sagt, gehen Sie zu der Frau.

C: Sie denken, dass das nicht okay ist, greifen aber nicht ein, weil Sie nicht genau wissen, was vorgefallen ist.

7. Ich handele meist ...

A: ... aus dem Bauch heraus.

B: ... nachdem ich alle Vor- und Nachteile abgewogen habe.

C: ... wenn ich alle Eventualitäten gecheckt habe und mir meiner Entscheidung sicher bin.

8. Sie beobachten, wie ein Autofahrer beim Rückwärtsausparken gegen ein geparktes Auto fährt. Der Fahrer fährt einfach weiter. Wie reagieren Sie?

A: Sie merken sich das Nummernschild und rufen die Polizei an.

B: Sie notieren das Kennzeichen auf einen Zettel und klemmen ihn hinter die Scheibenwischer des parkenden Autos.

C: Sie greifen nicht ein, vielleicht meldet er sich später von selbst.

9. *Sie sind mit Freunden in einem Club. Auf dem Weg zur Garderobe fällt Ihnen eine junge Frau auf, die offensichtlich von einem Mann bedrängt wird. Er schreit sie an und holt mit der Hand zum Schlag aus. Wie reagieren Sie?*

A: Sie gehen dazwischen, bevor es schlimmer wird.

B: Sie holen einen Mitarbeiter des Tanzlokals zu Hilfe.

C: Sie gehen weiter, weil Sie nicht verstanden haben, worum es geht und der Typ größer ist als Sie.

10. *Ein großer, stämmiger Mann beleidigt einen dunkelhäutigen Ausländer in der S-Bahn mit Sätzen wie: »Verpiss dich, du Scheiß Nigger!« Er droht handgreiflich zu werden. Wie reagieren Sie?*

A: Sie bitten einen anderen Fahrgast um Unterstützung, setzen sich mit ihm zu dem dunkelhäutigen Mann und rufen die Polizei.

B: Sie sprechen den bedrohten Mann an und bieten ihm an, mit Ihnen auszusteigen.

C: Sie nehmen mit anderen Fahrgästen Augenkontakt auf und warten ab, was passiert.

11. *Ein Mann spricht ein etwa siebenjähriges Mädchen vor der Schule an. Sie sehen, dass die Kleine hin und her gerissen ist; offenbar verspricht der Mann ihr etwas. Wie reagieren Sie?*

A: Sie fragen das Mädchen, ob sie den Mann kennt und ob Sie ihr helfen können.

B: Sie rufen die Polizei und beobachten die Szene weiter, bis die Polizei eintrifft.

C: Sie tun nichts. Die beiden sehen sich ziemlich ähnlich; das ist sicherlich der Vater, der die Kleine abholt.

Einschätzung

Held oder Hasenfuß? Wenn Sie überwiegend A und B angekreuzt haben, können Sie stolz auf sich sein. Denn mutig zu sein, ist nicht leicht. Haben Sie hingegen das Gefühl, dass es noch einiges zu tun gibt, dann fangen Sie bei sich an. Welche Entscheidung hätten Sie lieber anders getroffen, wo müssten Sie noch häufiger Nein sagen? Lernen Sie, sich in Ihrem Umfeld mehr abzugrenzen. Dann wird es Ihnen auch leichter fallen, beherzt bei anderen einzuschreiten.

Mutige Menschen handeln nicht unüberlegt, aber sie vertrauen auf sich selbst – und messen der Meinung ihrer Umwelt nicht so viel Bedeutung zu. Sie achten auf ihre Gefühle und hören auf den Bauch. Sie sind in der Lage, klar auszusprechen, wenn sie sich in einer Situation oder mit einem Verhalten unwohl fühlen.

Mut kann man lernen. Wer mutiger werden will, der sollte sich daran gewöhnen, auch mal Fehler zu machen. Denn wer mutig ist, reagiert häufig spontan und probiert auch mal neue Wege aus. Wer hingegen perfekt sein will, hindert sich durch den hohen Anspruch an sich selbst, mutig die eigene Meinung zu vertreten. Versuchen Sie einmal am Tag mutig zu sein. Für jeden Menschen bedeutet eine mutige Handlung etwas anderes, je nachdem, wie weit sein Mut bislang entwickelt ist. Für den einen ist ein Nein gegenüber dem Chef ein großer Schritt, der andere präsentiert mutig seine Welt verbessernden Ideen vor dem versammelten Vorstand.

Fällt es Ihnen schwer, sich in Situationen zu behaupten? Sie bekommen mehr Selbstvertrauen für die richtige Entscheidung, wenn Sie Ihr Eingreifen vor dem Spiegel üben. Am besten täglich: Stellen Sie sich bewusst gerade vor den Spiegel, schauen Sie sich in die Augen, treten Sie mit einem Bein vor und rufen laut

Nein! Oder buchen Sie ein Mut- und Zivilcourage-Training. Dort lernen Sie in Rollenspielen, wie Sie beherzt eingreifen. Das reicht Ihnen noch nicht? Wer Selbstverteidigungstechniken beherrscht, hat auch mehr Selbstvertrauen – und steigert damit sein mutiges Verhalten.

Anhang

Weiterführende Adressen und Literatur

Schule und Erziehung

www.faustlos.de
Wissenschaftlich fundiertes Antigewalttraining für Jugendliche, das vom Heidelberger Präventionszentrum (HPZ) angeboten wird.

www.papilio.de
Programm des beta-Instituts zur Förderung sozial-emotionaler Kompetenz im Kindergarten.

www.fairplayer.de
Wissenschaftlich fundiertes Programm gegen Gewalt an Schulen.

www.schueler-helfen-leben.de
Bundesweite Aktion »Sozialer Tag«, an dem Schüler arbeiten gehen und ihren Lohn für Projekte in Südeuropa stiften.

www.schueler-mobbing.de
Schülerprojekt der Gutenbergschule Riederich.

www.mobbing.seitenstark.de
Initiative der seitenstark.de, Arbeitsgemeinschaft Vernetzter Kinderseiten.

www.bus-scout.com
Programm für Schüler, die als Fahrbegleiter für ein besseres Miteinander auf dem Schulweg sorgen.

www.buddy-ev.de/Buddy-Programm
Präventionsprogramm zur Verantwortungsübernahme und Sozialkompetenz in Nordrhein-Westfalen.

www.elternimnetz.de
Infos des Zentrums Bayern Familie und Soziales und des Bayerischen Landesjugendamtes.

www.starkeeltern-starkekinder.de
Elternkurse des Deutschen Kinderschutzbundes.

www.fruehehilfen.de
Nationales Netzwerk für Schwangere und junge Eltern.

www.bke-beratung.de
Bundesweite kostenlose Online-Elternberatung.

www.stiftung-pro-kind.de
Frühförderungsprojekt für schwangere Frauen und junge Mütter aus schwierigen sozialen Lebenslagen.

Rechte Gewalt

www.exit-deutschland.de
Programm zur Unterstützung von Menschen, die aus der rechtsextremen Szene aussteigen.

www.mut-gegen-rechte-gewalt.de
Internetportal der Amadeu Antonio Stiftung gegen Rechtsextremismus.

www.gesichtzeigen.de
Aktion weltoffenes Deutschland e. V. gegen rechte Gewalt, die bundesweit eine Vielzahl kleiner Projekte unterstützt.

Zivilcourage

www.psych.uni-goettingen.de/abt/6/
Abteilung für Sozial- und Kommunikationspsychologie des Georg-Elias-Müller-Instituts für Psychologie der Universität Göttingen, Göttinger Zivilcourage-Impuls-Training. Leiterin Prof. Dr. Margarete Boos ist wissenschaftliche Beraterin des vorliegenden Buches.

www.psychologie.uzh.ch/fachrichtungen/motivation/zivilcourage.html
Zivilcourage-Portal der Abteilung für Allgemeine Psychologie (Motivation) der Universität Zürich, Forum zu Austausch zwischen Wissenschaft und Praxis.

www.zivilcouragetrainer.de/home.html
Trainernetzwerk Zivilcourage e. V.

www.fabiansalarserbe.de
Homepage des Vereins »Fabian Salars Erbe – für Toleranz und Zivilcourage e. V.«, gegründet nach dem tragischen Tod von Fabian Salar Saremi im Oktober 2008.

www.jensmollenhauer.de
Zivilcourage-Trainings für Erwachsene und Kinder des Präventionstrainers Jens Mollenhauer.

www.dominik-brunner-stiftung.de
Dominik-Brunner-Stiftung, gegründet, um Menschen zu helfen, die wegen ihres selbstlosen Handelns in Not geraten sind.

www.muenchner-courage.de
Münchner Initiative gegen Gewalt, vereint private Bündnispartner und offizielle Stellen.

www.bpb.de
Bundeszentrale für politische Bildung.

www.augenauf.net
Verein für Zivilcourage gegen Rechtsextremismus aus der Oberlausitz.

www.aktion-zivilcourage.de
Aktion für Zivilcourage aus Pirna.

Anhang

www.zivilcourage-pirna.de
Jugendinitiative aus der Sächsischen Schweiz gegen Rechtsextremismus und Rassismus.

www.actioncourage.de
1992 gegründetes Netzwerk gegen Rechts aus Bonn.

www.weisser-ring.de
Opferhilfe Weißer Ring.

www.blk-demokratie.de
»Demokratie lernen & leben, Schulentwicklungsprogramm gegen Rechtsextremismus, Rassismus und Politikverdrossenheit.

www.friedenspaedagogik.de
Institut für Friedenspädagogik Tübingen e. V.

www.agf-trier.de
AG Frieden Trier

www.lichterkette.de
Initiative für ein friedliches Zusammenleben von Ausländern und Deutschen in München.

www.zeige-courage.de
Schülerprojekt zum Thema Zivilcourage gegen Rechtsextremismus.

www.zivilcourage-grenzenlos.de
Medienpädagogische Projektarbeit des Kreisjugendrings Nürnberg-Stadt.

www.polizei-beratung.de
Internet-Seiten der Polizeilichen Kriminalprävention der Länder und des Bundes.

www.gewalt-sehen-helfen.de
Präventionsrat Stadt Frankfurt am Main.

Jugendschutz und Prävention

www.hand-in.de
Work and Box Company München, die sich um die Resozialisierung von straffälligen Jugendlichen kümmert.

www.friedensschlag.de
Dokumentarfilm über ein Jahr Boxtraining und die Selbstfindung jugendlicher Straftäter bei der Work and Box Company.

www.KFN.de
Unabhängiges, interdisziplinär arbeitendes Kriminologisches Forschungsinstitut Niedersachsen e. V.

www.jugend-und-bildung.de
Informationsplattform der Arbeitsgemeinschaft Jugend und Bildung e. V.

www.aktion-tu-was.de
Homepage der Polizeilichen Kriminalprävention der Länder und des Bundes, auf der die wichtigsten sechs Punkte sicheren Helfens erläutert werden.

www.integration-in-deutschland.de
Bundesamt für Migration und Flüchtlinge.

www.bamf.de
Bundesamt für Migration und Flüchtlinge, Informationen zur Integration.

www.praeventionstag.de
Deutscher Präventionstag, größter europäischer Kongress der Kriminalprävention.

www.bakum-sv.de
Institut Bakum für Selbstverteidigung und Antigewalt-Training, Leiter Udo Kumpe.

www.gewalt-deeskalationstrainings.de
Deeskalationsteam POLTRAIN, das seit 1999 Kommunikations- und Rhetorik- sowie sonstige Verhaltenstrainings anbietet.

Medien und Fernsehen

www.elternimnetz.de
Seite des bayerischen Landesjugendamtes.

www.bundespruefstelle.de
Bundesprüfstelle für jugendgefährdende Medien.

www.flimmo.de
TV-Programmberatung für Eltern.

www.gmk-net.de
Gesellschaft für Medienpädagogik und Kommunikationskultur (GMK), Kinder- und Jugendmedien.

www.jff.de
Institut für Medienpädagogik in Forschung und Praxis.

www.internet-abc.de
Werbefreies Portal für Eltern und Kinder.

www.kindernetz.de
Umfassende Kinder- und Jugendsuchmaschine im Netz.

www.fsk.de
Freiwillige Selbstkontrolle der Filmwirtschaft (FSK).

www.fsm.de
Freiwillige Selbstkontrolle Multimedia-Dienstanbieter e. V. (FSM).

www.usk.de
Unterhaltungssoftware Selbstkontrolle (USK).

www.jugendschutz.net
Anlaufstelle für Jugendschutzverstöße.

Ehrenamt

www.gute-tat.de
Plattform für soziale und ehrenamtliche Projekte in Berlin und München.

www.buergerstiftungen.de
Bürgerstiftungen, Gründungs- und Praxistipps.

www.b-b-e.de
Bundesnetzwerk Bürgerschaftliches Engagement.

www.buergerorientierte-kommune.de
CIVITAS-Netzwerk der Bertelsmann-Stiftung.

www.delatorre-stiftung.de
De la Torre-Stiftung, Gesundheitszentrum für Obdachlose in Berlin.

www.xenion.org/xenion/de/angebote/akinda
Akinda-Netzwerk für Einzelvormundschaften von minderjährigen Flüchtlingen.

www.nachtwanderer.net
Bremer Nachtwanderer-Initiative.

Weiterführende Adressen und Literatur

www.buerger-fuer-buerger.de
Stiftung zur Stärkung der Bürgergesellschaft.

www.manager-ohne-grenzen.de
Stiftung zur Vermittlung von Führungskräften in ärmere Länder.

www.vivaconagua.org
Initiative für die Trinkwasserversorgung in Entwicklungsländern.

www.ehrenamtsportal.de
Deutsches Ehrenamtsportal.

www.geben-gibt.de
Bündnis für Engagement, Deutscher Engagementpreis.

www.stiftungsindex.de
Index Deutscher Stiftungen des Bundesverbandes Deutscher Stiftungen.

www.buerger-engagement.de
Initiative für Bürger-Engagement engagierter Bundestagsabgeordneter.

www.netzwerk-gemeinsinn.net.de
Forschungs- und Entwicklungsnetzwerk zur Verbreitung von Methoden der Bürgerbeteiligung.

www.netzwerk-nachbarschaft.net
Aktionsbündnis von Nachbarn für Nachbarn in Deutschland.

www.freiwilligenakademie.de
Kurse zum Management von Freiwilligen, Projektarbeit, Teamentwicklung.

www.jfsb.de
Jugend- und Familienstiftung des Landes Berlin, Projekte im Jugend- und Familienbereich mit Schwerpunkt bürgerliches Engagement.

www.gemeinsinn.de
Aktion Gemeinsinn, älteste Bürgerinitiative Deutschlands.

www.aktive-buergerschaft.de
Leitfaden zur Gründung einer Bürgerstiftung.

www.bagfa.de
Bundesarbeitsgemeinschaft der Freiwilligenagenturen, Interessenvertretung regionaler Freiwilligenagenturen.

www.seniorenbueros.org
Bundesarbeitsgemeinschaft Seniorenbüros.

www.nakos.de
Nationale Kontakt- und Informationsstelle von Selbsthilfegruppen.

www.mitarbeit.de
Stiftung für bürgerliche Mitarbeit, Servicestelle für das bürgerschaftliche Engagement außerhalb von Parteien und großen Verbänden.

www.ehrenamtlich.de
Ehrenamtsbörse für Schüler und Studenten.

www.ehrenamt.de
Akademie für Ehrenamtlichkeit.

Buchtipps

Karl E. Dambach: *Zivilcourage lernen in der Schule.* Ernst Reinhardt Verlag, München 2005.

Holger Kulick: *Mut-ABC für Zivilcourage – Ein Handbuch gegen Rechtextremismus.* Von Schülern für Schüler. Edition Hamouda, 2008.

Karl Gebauer: *Mobbing in der Schule.* Beltz Verlag, 2009.

Wilfried Schubarth: *Gewalt und Mobbing an Schulen.* Kohlhammer Verlag, 2009.

Klaus Wahl: *Aggression und Gewalt.* Spektrum Akademischer Verlag, 2009.

Christine Ruckdäschel: *Schule und Absentismus.* Verlag für Sozialwissenschaften, 2010.

Britta Bannenberg, Dieter Rössner: *Erfolgreich gegen Gewalt in Kindergärten und Schulen.* C. H. Beck Verlag, 2006.

Micha Brumlik, Sabine Andresen, Claus Koch und Philip Waechter: *Das Elternbuch*. Beltz Verlag, 2010.

Kurt Singer: *Die Schulkatastrophe*. Beltz Verlag, 2009.

Remo H. Largo, Martin Beglinger: *Schülerjahre*. Piper Verlag, 2010.

Gerd Meyer, Ulrich Dovermann und Siegfried Frech: *Zivilcourage lernen: Analysen – Modelle – Arbeitshilfen*. Institut für Friedenspädagogik, 2004.

Kai Jonas, Margarete Boos und Veronika Brandstätter: *Zivilcourage trainieren*. Hogrefe-Verlag, 2007.

A. M. Rosenthal, Arthur Ochs Sulzberger und Samuel G. Freedman: *Thirty-Eight Witnesses: The Kitty Genovese Case*. Melville House, 2008.

Endnoten

1 Botschaften, die Betroffene in den Tagen nach Brunners Tod neben Blumen und Kerzen auf dem S-Bahnhof hinterließen.
2 http://www.studentenwerke.de/se/2010/Kurzfassung19SE.pdf
3 http://www.uni-bielefeld.de/gesundhw/ag4/downloads/worldvision.pdf
4 Dirk Baier, Christian Pfeiffer, Julia Simonson und Susann Rabold: »Jugendliche in Deutschland als Opfer und Täter von Gewalt«, Kriminologisches Forschungsinstitut Niedersachen e. V. (KFN), 2009.
5 Dirk Baier, Christian Pfeiffer, Susann Rabold, Julia Simonson und Cathleen Kappes: »Kinder und Jugendliche in Deutschland: Gewalterfahrungen, Integration, Medienkonsum«, Kriminologisches Forschungsinstitut Niedersachsen (KFN), 2010.
6 http://www.bild.de/BILD/dsds/2010/04/20/dsds-zweiter-menowin-froehlich/im-bild-verhoer-ueber-drogen-luegen-knast-und-gewalt.html
7 Thomas Mößle, Matthias Kleimann, Florian Rehbein und Christian Pfeiffer: »Mediennutzung, Schulerfolg, Jugendgewalt und die Krise der Jungen«, in: ZJJ 3/06.
8 http://www.bmi.gv.at/cms/BK/praevention_neu/info_material/files/Gewaltvideos_auf_Handys.pdf
9 http://www.mpfs.de/fileadmin/JIM-pdf09/JIM-Studie2009.pdf
10 Gedanken eines anonymen Fahrgastes, der dieselbe S-Bahn benutzte wie Dominik Brunner. Er beobachtete das Geschehen, ahnte, dass die Situation eskalieren würde – und blieb dennoch in der S-Bahn sitzen. Aus: Marcus Jauer und Melanie Mühl: »Solln und Haben«, in: FAZ, 14.11.2009.

Anhang

11 Studie der University of Michigan, Sara Konrath, vorgestellt auf dem Jahrestreffen der Association for Psychological Science 2010. http://www.physorg.com/news194201935.html
12 Faribourz Saremi, dessen Sohn Fabian Salar Saremi – wie Dominik Brunner – starb, weil er helfen wollte.
13 Die Pflicht eines Pfadfinders ist es, nützlich zu sein und anderen zu helfen.
14 Modell der Hilfeleistung von Latané und Darley (1976), in: Veronika Brandstätter-Morawietz, »Zivilcourage«, Quelle www.blk-demokratie.de, Demokratie Baustein »Zivilcourage«, BLK-Programm »Demokratie leben & lernen«, 01.12.2005.
15 Beate Kosmala (i. E.): »Zivilcourage in extremer Situation: Retterinnen und Retter von Juden im Dritten Reich (1941–1945)«, in: *Zivilcourage lernen. Analysen – Modelle – Arbeitshilfen,* hrsg. von Gerd Meyer, Sigfried Frech und Ulrich Dovermann, Landeszentrale für politische Bildung Bonn, 2004.
16 Beate Kosmala und Claudia Schoppmann (Hrsg.): »Überleben im Untergrund: Hilfe und Rettung für Juden in Deutschland 1941–1945«, in: *Solidarität und Hilfe für Juden während der NS-Zeit,* Bd. 5, Berlin, 2002.
17 Gerd Meyer und Angela Hermann: »*... normalerweise hätt' da schon jemand eingreifen müssen.« Zivilcourage im Alltag von BerufsschülerInnen. Eine Pilotstudie.* Wochenschau Verlag, 1999.
18 Aaron Antonovsky: *Salutogenese. Zur Entmystifizierung der Gesundheit.* Dgvt-Verlag, 1997.
19 »Wie kommt das Gute in die Welt«, in: *DIE ZEIT,* 22.12.09.
20 http://zukunftsfonds.generali-deutschland.de/internet/csr/csr_inter.nsf/ContentByKey/MPLZ-7L3EHX-DE-p/$FILE/Praesentation_koeln_19_11_2008.pdf

21 http://www.bundespraesident.de/Orden-und-Ehrungen/Verdienstorden-,12074/Tag-des-Ehrenamtes.htm
22 Christian Pfeiffer: »Prävention durch bürgerschaftliches Engagement«, Eröffnungsvortrag beim 13. Deutschen Präventionstag in Leipzig am 02.06.2008.
23 Christian Pfeiffer et. al.: »Die Medien, das Böse und wir«, in: *Monatsschrift für Kriminologie und Strafrechtsreform* 06/2004.
24 Christian Pfeiffer, KFN: »Die Kriminalität sinkt im Kernbereich, aber kaum jemand redet darüber«, Offener Brief an die Justiz- und Innenminister des Bundes und der Länder, in: *DIE ZEIT*, 02.06.2005.
25 Kongresskatalog des 15. Deutschen Präventionstages, Mai 2010.
26 http://www.spiegel.de/spiegel/print/d-46164849.html
27 Iris Berben: *Frauen bewegen die Welt*, Droemer Verlag, 2009.
28 Philip. G. Zimbardo: *Psychologie*, 4. Aufl., Springer Verlag, 1983.

Anhang

Dank

Unser Dank gilt allen Menschen, die uns während der Recherche zu diesem Buch und der Produktion unterstützt haben, die sich Zeit für uns genommen haben, Anregungen geliefert und uns in zähen Momenten ermutigt haben weiterzumachen. Einige Gesprächspartner haben uns sehr private Einblicke in ihr Leben ermöglicht, andere haben uns ihre Expertise und ihre langjährigen Erfahrungen zu den verschiedenen Themen zur Verfügung gestellt, wieder andere haben uns geholfen, trotz der zahlreichen Informationen, Fakten, Zahlen und Projekte nicht den Überblick zu verlieren.

Wir danken besonders Martin Kunz, der uns den Weg geebnet hat, dass dieses Buch überhaupt zustande gekommen ist. In gleichem Atemzug möchten wir unsere Lektorinnen Monika König und Franziska Köhler nennen. Margarete Boos hat uns in allen Phasen professionell begleitet und die wesentlichen Inhalte mit kritischem Blick geprüft. Finanzielle Unterstützung erfuhren wir durch das Ad hoc-Stipendium der Initiative Wissenschaftsjournalismus. Den Beteiligten des »XY-Preis – Gemeinsam gegen das Verbrechen« danken wir für die unkomplizierte Vermittlung der vielen interessanten Fälle.

Salome Saremi-Strogusch und ihr Vater Faribourz Saremi, Erftal aus München und die XY-Preisträgerin Irene Durukan haben uns besonders beeindruckt: Sie und viele andere beleben das Buch durch ihre persönlichen Schilderungen, durch ihren Mut und ihre Zuversicht.

Axel und Markus danken wir für ihre Liebe zum Detail und ihre jederzeit offenen Ohren.

Register

(Seitenangaben in Kursivdruck verweisen auf Grafiken.)

A

ABC-Regel 82
Abwehrsignale, lautstarke 188 f.
»Abziehen« (Expertentipp) 214 f.
Adhäsionsverfahren 139
ADS *siehe* Aufmerksamkeitsdefizit-Syndrom
Aggressionen/
   Aggressivität/aggressiv 17, 24, 32, 35, 44, 46, 49–52, 55, 103, 106, 125 f., 146, 152, 187, 189, 219
Ahlhaus, Christoph 33
Ähnlichkeitseffekte 74
Alkohol(konsum/-problem) 34, 41, 44, 50 f., 65, 190, 193
Alltag, verantwortliches Handeln im (Beispiele) 167 ff.
Alltagssituationen, Expertentipps für 206–218
Angreifer, Körperkontakt mit dem 143
Angst/Ängste 17, 51, 58, 65 f., *75*, 77 f., 85, 89, 91, 100 ff., 107, 124, 129, 157, 170, 172, 174, 180, 186, 188, 191, 194, 202, 216
Ängstlichkeit 179, 204, 214 f.
Anonymität durchbrechen 64, 89
Ansprache, klare 147
Antiopfersignale 180
Antonovsky, Aaron 101
Arbeitsplatz, Mobbing am (Expertentipp) 210 f.
Armstrong, Neil 68
Arrest 54, 136, 146
Aufmerksamkeitsdefizit-Syndrom (ADS) 51
Außenseiter 49, 51, 101, 169
Autorität 61 f., 99, 158
Autoritätsangst 61 *siehe auch* Angst/Ängste
Autrey, Wesley 111

B

Bardenhagen, Harald 19
Barrieren, persönliche 66 f.
Bauer, Fritz 151
Befehlskultur 158
Begeisterung, Lernen durch 165 f.
Benachteiligung von Kindern 40 f.
Berben, Iris (Interview) 171–176
Betrug 45, 131
Bewertungsangst 65 f.
Bilder, Macht der 44 f.
Bildung(sgrad/-niveau) 36 ff., 45, 114, 134
– als Prävention 36
Bindungsprobleme 51
Bixler, Erwin 122
Bloßstellung durch Minivideos 54, 86, 157 *siehe auch* Cybermobbing
Böll, Heinrich 58
Boulevardpresse 129
Boyle, Danny 111
Brad M. (Whistleblower) 122
Brennpunkte, soziale 47 f.
Brückenschlag, kultureller 121
Brunner, Dominik 15–31, 34, 76, 83, 92, 181, 204
– Chronologie des Falles 25 ff.
– Prozess 21-24

249

Register

- Todesursache 23
- Urteil 24, 28
- Urteilsbewertung 28–31
- Bürger-Engagement 12, 19 ff., 109–123, *128*
- Verbreitung 114
- Bürgerinitiativen 69, 217
- Bürgerstiftungen 12 f., 116 f.
- Bush, George 123
- Bushido 45
- Bystander *siehe* Genovese-Syndrom, Non-Helping-Bystander-Effekt

C

- Clooney, George 111
- Computer(spiele) 44, 49, 69
- Corporate Volunteering 118 ff.
- Cybermobbing 13, 53, 170

D

- Darwin, Charles 117
- Deeskalieren 76, 185
- Delikte, Anteil männlicher Tatverdächtiger *127*
- Depressionen/depressiv 51, 170
- Diskriminierung 153 *siehe auch* Cybermobbing *sowie* Mobbing
- Draufschlagen, inszeniertes *siehe* »happy slapping«
- Drogen(konsum/-probleme) 32, 36, 40, 41, 44 f., 50 f., 59, 148
- Durukan, Irene 100, 105
- Duzen vs. Siezen 143, 199 f.

E

- Ehrenamt/ehrenamtlich 107, 110, 112–115, 117 f., 163
- Ehrung 18 f.
- Eigentumsdelikte 34
- Eingreifen
- vierstufiger Entscheidungsprozess 95
- beeinflussende Stimmungen/Situationen 102
- Einstellung, innere (Haltung) 202
- Eltern(haus) 36 ff., 40, 43, 50, 52, 55, 66, 71, 98 f., 110, 119, 134, 152, 157–161, 163, 167, 170, 174, 178 f., 212
- Empathie 66, 69 f., 93 f., 98, 104, 173, 219 f.
- –, fehlende/ungenügende 67, 69 f.
- wissenschaftliche Untersuchung 104 f.
- Test 221–225
- Engagement, persönliches 123 ff.
- Entscheidungsprozess, vierstufiger (Helfen/Eingreifen) 95
- Entspannungsmethoden 66
- Entwicklung des Helfers, persönliche 98
- Ernstfall
- richtiges Verhalten 186 f.
- Erpressung 21, 24, 206, 214 f.
- Expertentipp 214 f.
- Ersthelfer 77, 181
- Erwachsenwerden 33
- Existenzängste 152 *siehe auch* Angst/Ängste

F

- Faktoren, hindernde 67
- Familien, Gewaltbereitschaft in 127
- Fantasie-Dokumentationen 130
- »faustlos« (Schulprogramm) 151 f.
- Fernsehen 40, 45, 49 f., 129 ff.
- Finanzkrise und Ehrenamt 112 ff.
- Firmenstrategie, moderne 118 f.
- Flucht 202 *siehe auch* Weglaufen
- Frau allein unterwegs (Expertentipp) 207 f.
- Frauen
- als Helfer 102 f.
- –, junge (aktive Gewalt) 149 f.
- Freunde, falsche 42

Friedensschlag. Das Jahr der Entscheidung (Film) 55 ff.
Friedrich, Kerstin 101
Fröhlich, Menowin 45
Führungskräfte, soziale 120

G
Gandhi, Mahatma 177
Gaspistole 198 f.
Gates, Bill 111
Gedächtnisprotokoll 139 f., 143
Gefahrlos handeln 193
Gegenwehr 189 f. *siehe auch* Selbstverteidigung
Gehorsam, blinder 99
Geld als Handlungsmotiv 116 f.
Genau hinsehen 193
Genovese, Kitty 58 ff.
Genovese-Syndrom 63
Gentleman (Reggae-Musiker) 118
George, Götz 83
Gesetze 137–142
– für Helfer 139–142
– für Nichthelfer 142
– für Opfer 137 ff.
Gewalt
–, häusliche 35, 68, 129, 207, 212 f. *siehe auch* Misshandlung von Frauen/Kindern
–, häusliche (Expertentipp) 212 f.
–, Strategie gegen 177–190
–, virtuelle/reale 13, 15–24, 32–36, 40–51, 53, 58, 60, 65, 68 f., 72, 83, 86, 89, 92 f., 95, 98, 118, 124, 126 f., 129–132, 134 f., 137 f., 145, 149, 157, 165 f., 177–192, 199, 201, 203 f., 206 f., 209, 212 f.
Gewaltbereitschaft in Familien 127
Gewaltkriminalität (Trend) 34
Gewaltspirale 46, 145
Girnghuber, Claus 19

Gläubige, brutale 42 f.
Gore, Al 111
Grenzen setzen 52 188
Großstadt (Tatort) 17, 46, 48, 87–90, 204
Grundwerte, demokratisch-humane 93
  siehe auch Werte(system)/Normen
Gust, Klaus-Peter 121
GUV *siehe* Unfallversicherung, gesetzliche
Gymnasium/Gymnasiasten 37 f., 41, 43, 109, 155, 163

H
Handeln
–, menschliches 115 f.
–, sicheres (Tipps) 142 ff.
–, verantwortliches, im Alltag (Beispiele) 167 ff.
Handlungsmotivation, finanzielle 116 f.
Handy (als Hilfsmittel zur Verteidigung) 195 f.
»happy slapping« (inszeniertes Draufschlagen) 53 f.
Hauptschule/-schüler 37 f., 41 f., 53 ff.
Helfen
–, Hürden beim 62–66
– Protokoll des 105–108
Helfer 38, 110, 116, 177, 189, 192, 194, 201, 204 *siehe auch* Ersthelfer
–, Eigenschaften des 93 ff.
–, Gesetze für 137–142
– Hilflosigkeit 58–90
– richtiges Verhalten in Notsituationen 199 f.
– Naturell (Typisierung) 91–108
–, Tipps für 140 f.
Hilfe
– holen 194
–, selbstlose 96 f.
Hilfeappelle 73
Hilfeleistung, unterlassene 54, 78 ff., 137

Hilfeverhalten, Bedingungen von 75
Hilfsmittel zur Selbstverteidigung 195–199
Hoeneß, Uli 18
Hürden beim Helfen 62–66
Hurrelmann, Klaus 40
Hüther, Gerald 164 f.

I
Ich, starkes 151–166, 178 f.
Ignoranz, pluralistische 64 f.
Internet 13, 45, 49, 54, 113, 126, 170
–, Mobbing im *siehe* Cybermobbing

J
JGG *siehe* Jugendgerichtsgesetz
Jonas, Kai J. 188
Judenretter 97
Jugend, verrohende 16
Jugendgewalt 145 ff.
Jugendgerichtsgesetz (JGG) 132, 145
Jugendkriminalität verhindern 133–137
Jugendliche als Straftäter *siehe* jugendliche Straftäter
Jugendstrafrecht, Änderungswünsche 150

K
Kästner, Erich 126
Kierkegaard, Søren 96
Killerspiele 46 f.
Kinder
– Aufmerksamkeit schenken (»positiv parenting«) 158–161
–, Benachteiligung von 40
– in Gefahr (Expertentipp) 209 f.
– Weichen stellen 153
– Zivilcourage vermitteln 155 f.
Kinderschutzbund 37
Kohärenzgefühl 101
Kompetenz 71 f.
–, kommunikative 163
–, soziale 163
Kontakte knüpfen 115 f.
Körperhaltung, Antiopfersignal 180
Körperkontakt mit dem Angreifer 143
Körperverletzung (mit Todesfolge) 21, 24, 28 f., 41, 45, 54, 100, 130, 141, 199
Krieten, Johann (Interview) 145–150
Kriminalitätsrate in Deutschland 127
– Eindruck der Bevölkerung 129 f.
Kriminalstatistik, Polizeiliche (PKS 2009) 47 f., 126, 129, 145, 149
Kritikfähigkeit 163

L
Laienhelfer 78
Lampenfieber 65 f.
Lehmkuhl, Gerd (Interview) 49–52
Lernen durch Begeisterung 165 f.
Liebe/Nächstenliebe 19, 40, 66, 97 f., 125, 157
Lipps, Theodor 104

M
Magnani, Franca 109
Maier, Peter 19
Makella, Werner 33
Medien 130 f. *siehe auch* Fernsehen *sowie* Internet
Meili, Christoph 122
Meinungsbildung 158
Menschlichkeit 19 ff.
Messer 198 f.
Migranten/Migration 37, 42 f., 129, 149 f.
Milsztein, Gerardo José 55
Minivideos, Bloßstellung durch 54, 86, 157 *siehe auch* Cybermobbing

Misshandlung von Frauen/Kindern 35, 68, 102, 216 f. *siehe auch* Gewalt, häusliche
Misshandlung und Streit, Unterscheidung von 216 f.
Mithilfe einfordern 193
Mobbing 153, 165, 169 f., 192, 206 f., 210 f. *siehe auch* Bloßstellung durch Minivideos *sowie* Diskriminierung
– im Internet (Cybermobbing) 13, 53, 170
– am Arbeitsplatz (Expertentipp) 210 f.
Mollenhauer, Jens 177
– Interview 201–205
Mut/mutig 16, 24, 83, 85, 87, 90, 100 ff., 153 f., 174, 179, 202, 204, 206, 211, 215
– Test 226–231

N

Nächstenliebe *siehe* Liebe/Nächstenliebe
Nachteile (finanzielle/materielle) für Helfer 81
Nachtwanderer, Bremer 112 f.
Nein sagen 156 ff., 162, 179, 230
Neonazis 65, 85
Netz *siehe* Internet
Nichthelfen, Protokoll, des 87–90
Nichthelfer 137–142
Nitzsche, Friedrich 96
Nixon, Richard 122
Non-Helping-Bystander-Effekt 63
Normen (Werte) 16, 34 f., 52, 84, 94, 98, 121, 152 f., 172 f.
–, soziale 70 f.
Notbremse 89, 143, 200
Nothilfe 30
Notruf/-säulen 25, 72, 77, 82, 89, 143, 181–184, 194 ff., 200, 204
Notwehr 141, 197, 203
Null-Bock-Generation 50

O

Obama, Barack 111, 123
OEG *siehe* Opferentschädigungsgesetz
Opfer 179
– richtiges Verhalten in Notsituation 200
–, Tipps für 139
– versorgen 194
Opferentschädigungsgesetz (OEG) 138
Opfersignale 181

P

Parole 92
Perry Preschool Project 164
Pfefferspray 197 f.
Pfeiffer, Christian 12, 34 f., 41, 44, 133 f.
– Interview 28–31
Pflichtgefühl 71
PISA-Studie 36
Pitt, Brad 111
PKS *siehe* Kriminalstatistik, Polizeiliche
Pöbelei 92
– im Nahverkehr (Expertentipp) 208 f.
Politik 132–137
»positive parenting« 159
Prävention
– durch Bildung 36
–, sekundäre/tertiäre 135 f.
Primärprävention 134
Privatfernsehen *siehe* Fernsehen
Privatsphäre 68
»Pro Kind« (Projekt) 135
Prügelei 92

R

Randale, passende Worte bei 187 f.
Rechts, selbstbewusst gegen (Expertentipp) 217 f.

Religion(szugehörigkeit) 41, 43, 115
Ricœur, Paul 96
Rollenspiele 49, 66, 77, 151, 165, 180, 191 f., 203, 231
Rottmaier, Stefan 15

S
Saint-Exupéry, Antoine de 15
Sanktionen, ambulante (bei jugendlichen Straftätern) 136
Saremi, Fabian Salar 16 f., 43, 76, 123 f.
Saremi, Faribourz 123 ff., 245
Schlagstock 198 f.
Schlüsselbund (als Hilfsmittel zur Verteidigung) 208
Scholl, Sophie 91
Schrillalarm 196 f.
Schröder, Ingo/Oksana 91 ff., 102
Schuldgefühle 52, 102
Schule(n) 161 ff.
–, Gewaltbereitschaft in 127
–, Mobbing in der 169 f. *siehe auch* Mobbing
Schulsystem 36 ff.
»Second Step« (Projekt) 152
Selbstbestimmung, bürgerliche 112
Selbstbewusstsein/selbstbewusst 33, 71, 93, 99, 152, 163, 179 f., 185, 190, 217 f.
– gegen Rechts (Expertentipp) 217 f.
Selbstkonsistenz 94
Selbstschutz 77
Selbstverteidigung 190–194
– Hilfsmittel 195-199
– -kurs, Checkliste 191 f.
Selbstvertrauen 72, 93 f., 101, 119, 178, 190, 195, 230 f.
Selbstwertgefühl 38, 40, 179
Selektion, soziale *39*
Sicherheit im Alltag (Regeln) 193 f.
Siezen vs. Duzen 143, 199 f.

Simon, Helmut 32
Singer, Kurt 61, 116, 153, 157
Slumdog Millionaire (Film) 111
Sofortmaßnahmen, lebensrettende 82
Soziales Engagement von Unternehmen 117 f.
Straßenverkehr, Streit im (Expertentipp) 213 f.
Straffälligkeit, Risiko für 41 f.
Strafmaß 132 f.
Straftäter, jugendliche 31 f., 41, 44, 132, 146, 150, 203
–, ambulante Sanktionen für 136
– Auftreten bei Gerichtsverhandlungen 147
Streit
– und Misshandlung, Unterscheidung von 216 f.
– im Straßenverkehr (Expertentipp) 213 f.
Stresshormone 186

T
Täter, jugendliche
–, Verhalten gegenüber 203
Täter-Aussehen einprägen 141
Tätermerkmale (besondere) 143, 193, 200
Täter-Opfer-Ausgleich (TOA) 138 f.
Tatort
– Großstadt 17, 46, 48, 87–90, 204
– Unfallstelle 76–82
Tatverdächtige, Anstieg der *128*
TOA *siehe* Täter-Opfer-Ausgleich
Tötungsdelikte 35
Tunnelblick 67
TV *siehe* Fernsehen

U
Überfall, bewaffneter (Expertentipp) 215 f.

Unfallort sichern 81 f.
Unfallstelle *siehe* Tatort
Unfallversicherung, gesetzliche (GUV) 139 f.
Unternehmen, soziales Engagement von 117 f.
Urteil, abschreckendes 52
Urteilsbewertung, Fall Dominik Brunner 28–31

V

Verantwortungsdiffusion 64
Verfahrenseinstellung, Jugendstrafgericht 148
Verhalten, richtiges (Ernstfall) 186 f.
– Helfer in Notsituation 199 f.
– Opfer in Notsituation 200
Verhinderung des Eingreifens 72–76 *siehe auch* Genovese-Syndrom / Non-Helping-Bystander-Effekt
Verkehrsunfälle
–, richtige Hilfe bei 81 f.
Verletzte, Umgang mit 82
Videos 118, 122
Videospiele 44
Videoüberwachung 18
Vorbild(er/-funktion)/vorbildlich 12, 18 f., 45, 65, 71, 98 f., 156, 158, 163, 167, 204, 218, 225

W

Waffen 65, 84, 86 f., 125, 140 f., 143, 184, 188, 193, 195, 198 f., 215
Waffengesetz 198
Warnschussarrest 146 *siehe auch* Arrest
Watergate-Skandal 122
Weglaufen 184 ff. *siehe auch* Flucht
Werte(system)/Normen 16, 34 f., 52, 84, 94, 98, 121, 152 f., 172 f.
Whistleblower 122 f.
Wohnbevölkerung, Veränderung der (Deutschland) *128*
Work and Box (Projekt) 32 f., 47, 54 ff.
Ws, die sieben 181–184
Wut, Strategien gegen 152 ff.

Z

Zahavi, Dror (Interview) 83–87
Zeuge
–, Fragen an 140
– Täter beschreiben 194
Zivilcourage (Film) 83
Zivilcourage-Training, Zürcher 192
Zivilklage 137 f.
Zorn *siehe* Wut, Strategien gegen
Zukunftsperspektiven, fehlende 49 f., 124
Zuneigung 40, 116, 160
Zuwanderer(familien) *siehe* Migranten

Die ganze Welt des Taschenbuchs
unter
www.goldmann-verlag.de

Literatur deutschsprachiger und
internationaler Autoren,
Unterhaltung, Kriminalromane, Thriller,
Historische Romane und Fantasy-Literatur

Aktuelle **Sachbücher** und **Ratgeber**

Bücher zu **Politik, Gesellschaft,
Naturwissenschaft** und **Umwelt**

Alles aus den Bereichen **Body, Mind + Spirit**
und **Psychologie**

Überall, wo es Bücher gibt und unter www.goldmann-verlag.de

Goldmann Verlag • Neumarkter Straße 28 • 81673 München